LES GRANDS ÉCRIVAINS FRANÇAIS

DIDEROT

PAR

JOSEPH REINACH

DIDEROT

Coulommiers. — Imp. Paul BRODARD.

DIDEROT

Reproduction du portrait

PAR FRAGONARD

DIDEROT

PAR

JOSEPH REINACH

PARIS

LIBRAIRIE HACHETTE ET Cie

79, BOULEVARD SAINT-GERMAIN, 79

1894

Droits de traduction et de reproduction réservés

DIDEROT

CHAPITRE I

DENIS DIDEROT

Quand on a beaucoup et longtemps pratiqué Diderot, subi, puis discuté, sa séduction, bu à la coupe pleine de sa pensée, puis pesé ses systèmes, si l'on cherche alors à dégager le caractère dominant de ce génie, le plus chaud, sinon le plus clair de son siècle, et celui de tous qui a le plus remué d'idées, le mieux c'est de s'arrêter tout de suite à la formule de Voltaire le jour où il l'appela *Pantophile*.

En effet, il a tout aimé, et ayant tout aimé, dans le domaine de l'esprit comme dans celui de la nature, il a porté dans l'étude et dans la propagande de toutes choses la conviction persuasive que l'amour seul peut donner. Il parle lui-même, quelque part, de « cet air vif, ardent et fou » qu'il avait, étant jeune homme, quand il entrait dans la librairie de

sa jolie voisine, Mlle Babuti, et que, dévorant des
yeux sa provocante beauté, il la harcelait d'impu-
dentes questions. De cette prime jeunesse tumul-
tueuse aux confins de sa vieillesse, c'est le même
air vif, ardent et fou qu'il ne cesse point de porter
autour de lui, passionné et s'émouvant de tout.
Rien ne lui a jamais été indifférent. Également épris
de mathématiques et de peinture, de physique et de
théâtre, de philosophie et de mécanique, il a voulu
s'instruire de tout, et, ayant pénétré par effraction
dans presque toutes les sciences, il a, presque partout, enfoncé quelque porte sur l'avenir. D'autres,
avant lui, avaient conçu le plan d'un répertoire de
toutes les connaissances humaines, et d'autres que
lui eussent pu mener à bon port l'Encyclopédie;
mais il est certainement « l'esprit le plus synthétique
qui ait surgi depuis Aristote ». Une curiosité fié-
vreuse le pousse, bousculant les routines, à la pour-
suite de tous les progrès. Ne cherchez pas à l'arrêter,
vous l'exciterez : « Je suis sûr, écrit-il, que lorsque
Polygnote de Thasos et Micon d'Athènes quittèrent
le camaïeu et se mirent à peindre avec quatre couleurs, les anciens admirateurs de la peinture trai-
tèrent leurs tentatives de libertinage. » Ce libertinage est le fond et le tréfonds de sa nature. Sa
poésie, éperonnée de science, saute par-dessus les
obstacles; il a rêvé ou deviné les plus extraordinaires
découvertes de notre siècle, le transformisme comme
le télégraphe. Tout ce qui a un caractère de grandeur l'entraîne, toute nouveauté l'attire; il aime tout

ce qui sera, et comme il est né orateur, il grandit de son ample parole intarissable tout ce qu'il entrevoit comme tout ce qu'il décrit. Sa pente naturelle est vers toute liberté, vers tout ce qui affranchit. S'il a poursuivi de tant d'âpres invectives les tyrannies et les religions, ce n'est point seulement pour le mal qu'elles ont fait ou qu'elles font encore autour de lui, mais parce qu'elles sont des règles, et que toute règle, tout obstacle oppriment et gênent sa frénésie d'indépendance. Qu'il s'agisse de morale ou de politique, du théâtre classique ou de la métaphysique orthodoxe, il est l'ennemi né de tous les parapets et de toutes les lois. C'est une force de la nature, mais une force débridée et sans frein. Prenez de tous points, pour avoir son portrait bien exact, le contre-pied de celui qu'il a fait de La Harpe : « C'est une tête froide; il a des pensées, il a de l'oreille, mais point d'entrailles, point d'âme; il coule, mais il ne bouillonne pas; il n'arrache point les rives et il n'entraîne avec lui ni les arbres, ni les hommes, ni leurs habitations. » Il est, lui, une tête toujours brûlante, une âme toujours enflammée; il a plus de sensations que de pensées; il ne coule pas, il se précipite, emportant tout dans son tourbillon, torrent qui aurait la largeur d'un fleuve et dont l'état normal serait l'inondation furieuse.

Il déborde ainsi, et perpétuellement, hors de son sujet, hors de lui-même, hors de son siècle; et cet avenir, que d'autres prévoient à peine, il y

vit déjà, en plein, comme dans son atmosphère.
Ayant tourné le dos à Descartes, il dépasse Newton
et tend la main à Darwin. Dès lors, comme tous
ceux qui sentent fortement, il communique son
mouvement à tout ce qui l'entoure, et entraîne les
plus rebelles dans la danse de son cerveau. C'est le
plus magnifique éveilleur d'idées qui ait existé.
« Quatre lignes de cet homme, écrit Mme d'Épinay,
me font plus rêver et m'occupent davantage qu'un
ouvrage complet de nos prétendus beaux esprits. »
Et c'est à son propos que Gœthe disait : « La plus
haute fonction de l'esprit est d'évoquer l'esprit. »
Il a aimé la vérité comme le voulait Platon, « avec
son âme tout entière ». Quand les plus courageux
quittent l'Encyclopédie, il reste à son poste, dévorant les injures et les humiliations, les plus cruelles
qui puissent atteindre un homme de pensée, celles
qui mutilent sa pensée. L'inutilité de l'effort, qui est
toute la sagesse des religions méditatives ou des philosophies sceptiques, est la seule notion qui n'ait
point effleuré son vivant esprit. Cet incrédule est
plein de foi : il croit au progrès vainqueur de l'humanité et il est plein de pitié pour l'homme. Ses
contemporains, les meilleurs, ne sont bons que par
raisonnement ; ils sont, sous leur vernis, secs et
durs. Chez lui, le « lait de l'humaine tendresse »
coule d'abondance. Assurément il finira par se griser,
comme de toutes choses, de cette sensibilité qui
tourne à la sensiblerie ; mais la source même en est
délicieuse. Il dit à d'Holbach qui, veuf de sa pre-

mière femme, jure qu'il n'y a plus de bonheur pour
lui dans la vie : « Sortez de chez vous, courez après
les malheureux, soulagez-les et vous vous plaindrez
après de votre sort si vous l'osez ! » et il écrit à
Mme Necker : « C'est moi, je ne suis pas mort et,
quand je serai mort, je crois que les plaintes des
malheureux remueraient mes cendres au fond du
tombeau. » Il est juste, fanatique d'équité, « ne peut
souffrir ces balances où les actions d'autrui pèsent
comme du plomb et où les nôtres sont légères
comme des plumes ». Dans sa jeunesse affamée, au
contact des pauvres diables qui végétaient comme
lui-même d'occasions et d'expédients, il a appris la
sainte indulgence et ne l'a point désapprise aux
jours de bonheur. Ayant connu la misère, il ignore
les cruautés vertueuses, les rigorismes pédants des
hommes toujours heureux. Pour M. le président de
Montesquieu, le neveu de Rameau n'est qu'un drôle ;
il saura, lui, découvrir une âme sous sa laide écorce.
Il n'est jamais plus joyeux que d'avoir rendu service ; l'ingratitude lui donne en vain ses leçons : « il
n'en profitera pas et restera bon et bête comme Dieu
l'a fait ». Critique, il loue avec plus de plaisir qu'il
ne blâme, admire copieusement ; « la jalousie des
talents est un vice qui lui est étranger ; » il voudrait
savoir à quelle école « l'on apprendrait à voir le
bien et à fermer les yeux sur le mal » ; le reproche
le plus vif qu'il adresse à Voltaire est d'en vouloir
à tous les piédestaux ; il est toujours prêt à les
rehausser : « Tu remues le sable d'un fleuve qui

roule des paillettes d'or et tu reviens les mains pleines de sable et tu laisses les paillettes! » Son cœur, son cerveau et ses yeux sont ainsi ouverts à tout : mais il ne se contente pas de voir, de comprendre et de sentir ; il agit. Il a été surnommé par son siècle, d'une voix unanime, le *Philosophe* ; dans une société que domine Voltaire, que Rousseau bouleverse, où Montesquieu officie entre d'Alembert et Turgot, quand quelqu'un dit : « J'ai rencontré le philosophe », personne ne s'y trompe ; c'est Diderot. Mais cet amant de la sagesse est toujours prêt à la bataille. Il n'a ni la tribune ni la presse quotidienne : il n'a qu'une imprimerie toujours surveillée ; il peut tout juste faire circuler en copie les trois quarts de ses manuscrits ; il ne peut parler librement, encore qu'à voix basse, que dans deux ou trois salons. Mais qui donc, même dans notre siècle de toutes les libertés, où les idées se propagent avec toute la force de la vapeur et toute la vitesse de l'électricité, qui a plus agi et plus puissamment que lui? Et s'il a ainsi tout compris, tout remué, tout fécondé, c'est que Pantophile a tout aimé.

Cette intelligence qu'aucune audace n'effraie, ce cœur qui regorge de sympathies étaient prédestinés sans doute à une existence dramatique et pleine de troubles? Point du tout; par l'un de ces contrastes où s'amuse le destin, sa vie est ordinaire, tout juste assez mouvementée pour ne pas être ennuyeuse, traversée à peine par deux ou trois de ces péripéties

qui abondent sur la route de ses plus pacifiques
contemporains. Au moment de sa naissance [1], sa
famille, qui exerçait à Langres, depuis deux cents
ans, le métier de coutelier, atteignait cet échelon où
la satisfaction la plus éclatante qu'un artisan puisse
se donner est de soustraire son fils au travail manuel
qui a fondé sa petite fortune. Denis Diderot fera
donc ses études, d'abord chez les jésuites de sa ville,
où il reçoit la tonsure, puis à Paris, au collège d'Harcourt. Ses classes finies, son père, qui a renoncé de
lui-même à le faire entrer dans les ordres, l'invite
à choisir un état et à se faire, au choix, médecin,
avocat ou procureur. Le jeune homme réfléchit trois
mois, puis déclare qu'il ne veut pas être médecin,

1. L'acte de baptême de Diderot donne comme date de sa
naissance le 5 octobre 1713, « fils de Didier Diderot, maître
coutelier, et d'Angélique Vigneron ». — La vie et les
ouvrages de Diderot ont été l'objet d'un nombre considérable
de travaux ; nous citerons, parmi les principaux que nous
avons consultés : Mme de Vandeul, *Mémoires*; Naigeon,
Mémoires historiques et philosophiques; Comte, *Philosophie
positive*, t. V; Bersot, *Études sur la philosophie du XVIII* siècle*;
Karl Rosenkranz, *Diderot's Leben und Werke*; Sainte-Beuve,
Portraits littéraires, t. I, et *Causeries du Lundi*, t. III; Carlyle, *Critical and miscellaneous Essays*, t. II; John Morley,
Diderot and the Encyclopædists; Avezac-Lavigne, *Diderot et
la société du baron d'Holbach*; Caro, *la Fin du XVIII* siècle*,
t. I; Mézières, *Préface de la Dramaturgie de Hambourg*, trad.
Suckau; Scherer, *Étude sur Diderot*; Louis Ducros, *Diderot,
l'homme et l'écrivain*; Faguet, *Études sur le XVIII* siècle*;
les histoires littéraires de Villemain, Nisard et Paul
Albert; les essais critiques de M. Brunetière, l'étude de
M. Pierre Laffitte, dans la *Revue Occidentale*, et celle de
MM. Assézat et Maurice Tourneux dans l'édition des œuvres
complètes.

parce qu'il ne veut tuer personne, que la charge de
procureur est trop difficile à remplir délicatement,
et qu'il ne sera pas davantage avocat, malgré son
goût pour la parole, parce qu'il éprouve une trop
vive répugnance à s'occuper toute sa vie des affaires
d'autrui. Sur quoi ce dialogue : « Que voulez-vous
donc être? — Ma foi, rien, mais rien du tout. J'aime
l'étude; je suis fort heureux, fort content; je ne
demande pas autre chose. » Nécessairement, son
père, qui ne comprend pas qu'on cesse d'être ouvrier
pour ne pas devenir mandarin, lui coupe les vivres;
— et voilà Diderot abandonné à lui-même, dans ce
grand Paris, n'ayant d'autres ressources que des
leçons de mathématiques qu'il donne « sans en
savoir un mot, apprenant en montrant aux autres »,
faisant par raccroc des traductions pour les libraires,
à trente écus le volume, et des sermons pour les
missionnaires, à cinquante écus pièce; logé dans un
grenier de la rue des Deux-Ponts, dînant, les bons
jours, à six sous par tête, vêtu, hiver et été, « d'une
redingote de peluche grise, éreintée par un des
côtés, avec la manchette déchirée et des bas de
laine noirs recousus par derrière avec du fil blanc »;
mais toujours plus avide de voir et de savoir, se
frottant à toutes les sciences, coudoyant tous les
mondes, et ne concevant pas d'autre bonheur que
de meubler tous les jours et d'enrichir davantage
son cerveau. La fable du chien et du loup a été
écrite pour lui. Il quitte un financier qui lui donne,
avec le logement et le couvert, quinze cents livres

par an pour élever ses enfants, « parce qu'il ne peut
vivre dans cette atmosphère de domesticité et que
son visage y devient plus jaune qu'un citron »; et le
lendemain du jour où il a rejeté ce collier et ce luxe,
il risque le pilori à escroquer cinquante louis à un
carme; le surlendemain, un certain mardi-gras, sans
une voisine compatissante, il mourait de faim dans
son taudis.

Cette insouciance des conditions matérielles de la
vie n'est dérangée, sinon interrompue, que par son
mariage : « Combien de démarches auxquelles on se
résout pour sa femme et pour ses enfants et qu'on
dédaignerait pour soi ! Je rencontre sur mon chemin
une femme belle comme un ange; j'en ai quatre
enfants; et me voilà forcé d'abandonner les mathématiques que j'aimais, Homère et Virgile que je por-
tais toujours dans ma poche, le théâtre pour lequel
j'avais du goût, trop heureux d'entreprendre l'Encyclopédie à laquelle j'aurai sacrifié vingt-cinq ans
de ma vie. » En effet, à partir de ce mariage d'amour,
il commence à imposer un travail régulier à son
humeur vagabonde, et, bientôt, lui aussi aura son
bureau où il va gagner le pain quotidien de sa nichée,
cette Encyclopédie dont il sera l'âme et qui fera sa
gloire, mais où il ne vit d'abord qu'un moyen d'as-
surer douze cents livres de rente à la famille qui
lui est tombée du ciel. Pourtant, cet état qu'il s'est
enfin décidé de prendre au service des libraires
n'absorbe qu'une partie de son existence et de ses
facultés. Quand Diderot se plaint d'avoir sacrifié les

meilleures années de sa vie aux industriels qui lui
proposèrent de traduire le dictionnaire de Chambers,
il exagère à son habitude; ces libraires, dans un
dessein d'ailleurs intéressé, lui rendirent le service
d'orienter son existence, et s'il leur sacrifia quelque
chose, ce fut seulement, dans la tâche même qu'il
avait assumée, une exubérance d'imagination qui n'y
eût point été de mise et que le gouvernement n'eût
point tolérée. Seulement, ce surplus de pensées
bouillonnantes qu'il ne lui est pas permis de déverser
dans le cadre surveillé de son dictionnaire, il faut
qu'il le répande ailleurs. Et, de là, tout le long de
l'Encyclopédie, malgré le labeur énorme et presque
surhumain qu'exige la formidable entreprise, ce
monceau de fragments, romans et dialogues, critiques et contes, opuscules et lettres, mémoires et
diatribes, qui sont l'œuvre vraiment personnelle du
philosophe, dont ses contemporains n'ont connu
qu'une faible partie et que notre siècle a recueillis,
tout chauds encore d'une vie intense, parmi les
ruines du grand monument écroulé.

Voilà donc une existence exclusive d'homme de
lettres, comme nous dirions aujourd'hui, de philosophe, comme on disait alors, et il aura le droit
de se vanter, dans un temps où il était encore
permis de les nommer sans ridicule, « qu'il a aimé
les Muses pour elles-mêmes ». Dans la foule qui
est un composé « de fripons et d'imbéciles », Voltaire professe qu'il y a un petit troupeau séparé
qu'on appelle la bonne compagnie et que, « ce petit

troupeau étant riche, bien élevé, instruit, poli et comme la fleur du genre humain, c'est pour lui que les plus grands hommes ont travaillé ». Diderot fait exception; son ambition n'a été à aucun moment de régner sur le cercle des belles dames et des seigneurs à la mode. Il se plaît au Grandval, parce qu'il y mange fort et bien, qu'on y respire l'air frais de la campagne et que la conversation y est aussi libre qu'au cabaret. Mais il ne recherche pas plus les suffrages de « Mécène-d'Holbach » que ceux de « Célimène-d'Épinay »; le désir de plaire à deux beaux yeux ne lui a jamais dicté une ligne. Il étudie pour le seul plaisir d'apprendre, écrit pour le seul plaisir d'écrire. Aucune vanité littéraire : c'est contraint par Voltaire qu'il se présente à l'Académie, et quand le roi refuse d'approuver son élection, sous prétexte « qu'il a trop d'ennemis », une épigramme l'a vite consolé. L'orgueil ronge l'auteur du *Contrat social* et l'amour de la renommée dévore le poète de la *Henriade* : Diderot s'en remet à la postérité du soin « d'être juste à son égard »; encore, dans le flot de déclamations qui l'emporte, lors de sa fameuse dispute avec Falconet, n'est-il pas bien certain qu'il ne se soit un peu calomnié, quand il prétend ne pas croire « aux hommes qui se suffisent pleinement à eux-mêmes ».

Sur la question « si la vue de la postérité fait entreprendre les plus belles actions ou produire les meilleurs ouvrages », si Diderot a adopté l'affirmative, c'est peut-être seulement, comme en d'autres contro-

verses, parce que Falconet soutient que le génie,
« par don de la nature, est la cause unique des
choses »; ce je ne sais quoi d'incompressible qu'a le
naturel, même chez les rhéteurs, veut que ses plus
éloquentes raisons se retournent contre lui-même.
« Notre émulation, écrit-il, se proportionne secrètement au temps, à la durée, au nombre des témoins;
vous ébaucheriez peut-être pour vous; c'est pour les
autres que vous finissez. » Or, pendant que Falconet
cisèle et lime avec un soin infini ses moindres
ouvrages, parce qu'il se présente devant un tribunal
beaucoup plus redoutable que celui de la postérité —
sa conscience d'artiste, — qu'a fait Diderot, d'un bout
à l'autre de sa carrière, sinon d'ébaucher? « La postérité, dit-il encore, est pour le philosophe ce que
l'autre monde est pour l'homme religieux. » Mais la
comparaison même ne laisse-t-elle pas supposer
qu'il tiendrait volontiers l'illusion philosophique
pour aussi fragile que l'autre, car pourquoi les
hommes de demain, sauf que d'autres passions les
agitent, seraient-ils plus sensés et plus justes que
ceux d'hier?

En fait, écrire comme parler est pour lui un
besoin, sa fonction naturelle. Comme il ne peut
pas ne point manger ou ne point boire, il ne saurait se taire; le silence ne le tuerait pas moins
sûrement que la faim. A table, dans un salon, au
café, dans la rue, dès qu'il a mis la main sur un
auditeur de bonne volonté, il ne déparle pas : il y a
pour lui une impossibilité physique à garder ses

idées, ses impressions, ses sensations ; il éclaterait
comme une outre trop pleine, s'il ne se répandait
pas ; l'auditeur n'est qu'un comparse et cette conversation, dont on a dit qu'elle était son chef-d'œuvre,
n'est qu'un monologue. Autant en emporte le vent
qui passe, mais il s'est soulagé. De même la plume
à la main : s'il sait écrire, il ne sait pas se borner ;
sa plume court, court indéfiniment, tant qu'il y a
une feuille de papier sur son pupitre, une goutte
d'encre dans son encrier ; il est de l'avis de l'artiste
qui disait qu'il est plus agréable de peindre que
d'avoir peint. Son improvisation, toujours fon-
gueuse, même quand il traite des sujets les plus
ardus, suit tous les méandres d'une conversation à
bride abattue et il confesse quelque part que « les
circuits de sa conversation ne sont pas moins hété-
roclites que les rêves d'un malade en délire ». Sai-
sissez la parole au vol et fixez-la sur le papier
comme un papillon frémissant : voilà sa phrase. Son
style, coloré et harmonieux, a toutes les qualités et
tous les défauts de la parole ailée qui vole, va et
vient, tourne sur elle-même, bat la campagne, se
disperse, s'éparpille, se répète et s'évanouit. Aucune
méthode, aucun soin, aucune coquetterie : « Je
prends une plume, de l'encre et du papier, et puis,
va comme je te pousse ! » Quand il s'est délivré
ainsi des pensées qui l'obsèdent, s'il rencontre un
éditeur assez hardi pour imprimer son manuscrit et
assez généreux pour le payer, il en est fort aise ;
mais si l'éditeur ne vient pas le chercher dans sa

mansarde, il n'en éprouve aucune peine et, gaîment, se remet à enfanter.

Avec cette bizarrerie qu'il recopie parfois, sans y changer une syllabe, telle page qui a déjà paru dans un précédent ouvrage, il a l'insouciance royale de ce que deviennent ses écrits. Grimm, Galiani et Raynal recevront de lui et signeront de leurs noms des volumes entiers dont la critique aura plus tard à rechercher la paternité. Quelques-uns de ses écrits les plus vantés ont circulé tout juste en copie dans les salons; ceux de ses livres qui ont fait le plus pour sa gloire posthume n'ont été publiés que long-temps après sa mort. Diderot jette ses papiers qui voltigent à travers le monde « comme les feuilles de la Sibylle ». A la fin de cette vie d'un immense labeur où il a parcouru toutes les connaissances humaines et ouvert à l'esprit tant d'horizons nou-veaux, s'il se plaint, ce n'est pas des honneurs qui ne sont point venus le chercher, mais de ce que, « sachant à la vérité un assez grand nombre de choses, il n'y a presque pas un homme qui ne sache la chose beaucoup mieux que lui ». Et il ne suffit pas assurément de fuir les aventures et de craindre les drames pour n'y point tomber; mais ayant la sagesse de n'en pas avoir le goût, il a eu le bonheur d'y échapper pour se consacrer tout entier à « sa curio-sité effrénée du monde ». La vie de Jean-Jacques est une tragédie, comme les Norvégiens n'en ont pas rêvé de plus sombre, et celle de Voltaire un roman comme l'auteur de *Gil Blas* n'en a pas écrit de plus divertissant et de plus varié. Cherchez maintenant, dans celle de Diderot, les épisodes émouvants ou les anecdotes. Il a passé quelques semaines au donjon de Vincennes, beaucoup moins pour avoir nié l'existence de Dieu que pour avoir manqué de respect à l'amie d'un personnage influent : quel est l'écrivain du siècle qui n'a pas fait, pour des causes plus frivoles, un plus long séjour dans une auberge d'État ? Les lettres de privilège ont été retirées à ses libraires et ses manuscrits ont été saisis : ces sortes de vexations, d'ailleurs passagères, étaient devenues, sous le bienheureux règne de Louis XV, tout ce qu'il y avait au monde de plus banal; qui s'arrêtait encore pour un imprimeur embastillé ou pour un colporteur attaché au carcan ? — Enfin, entre deux voyages en Champagne et jusqu'à Saint-Pétersbourg, il a eu deux maîtresses, dont la plus âgée lui a appris la volupté, et dont la plus jeune, qu'il aima, avait « la menotte sèche » et portait des lunettes. Et puis, c'est tout : son histoire, c'est celle de l'Encyclopédie, celle de ses livres.

Ce qu'il faudrait pouvoir retracer, c'est une journée de Diderot, au lendemain d'une halte dans l'oasis du Grandval ou à la Chevrette, une de ces journées pleines comme la semaine d'un bon ouvrier, où ce bûcheron, qui vient d'abattre en se jouant deux ou trois articles pour l'Encyclopédie, trouve encore le temps de recevoir un monde de quémandeurs, d'écrire un volume de lettres, de débiter on ne sait combien de harangues, de lire tout ce qui paraît et de

relire l'un de ses auteurs favoris, de faire visite à deux
ou trois artistes et de leur donner, en s'instruisant,
d'utiles conseils, de se renseigner auprès d'autant
d'artisans sur la pratique de leur métier, de suivre,
au Jardin des Plantes, un cours de physique ou de
chimie, d'aller chez Procope, d'y jouer et d'y perdre,
de dîner en joyeuse compagnie, d'y prendre une indi-
gestion et d'abandonner aux amis qui le reconduî-
sent, ivre de rhétorique et du bonheur de se dépenser,
vingt canevas de drames, de romans ou de systèmes.
Au coin de la rue de Taranne, au cinquième étage,
le premier en descendant du ciel, ce clair grenier
tapissé de livres — « les chers outils » qu'il voulut
vendre pour doter sa fille et que l'Impératrice de
Russie lui acheta, à condition qu'il les gardât sa vie
durant, conservateur appointé de sa propre biblio-
thèque, — c'est, par définition, dans le Paris le plus
intellectuel qui fut jamais, le bazar aux idées.
Diderot s'y est réfugié dès l'aube pour échapper aux
criailleries de sa femme, cette Nanette, belle comme
un ange avant le mariage, aujourd'hui pie-grièche
et harengère, qui ne s'intéresse à rien de ce qu'il
fait, s'enlize dans la dévotion et ne peut garder une
servante plus de huit jours. Drapé dans sa robe de
chambre comme dans une toge, le col nu, les cheveux au vent, « le dos bon et rond », le philosophe
écrit pour les libraires ou pour son plaisir, corrige
des épreuves, revoit des planches, mais la porte de
l'atelier est ouverte à toute heure; quiconque veut
renouveler son bagage cérébral n'a qu'à monter.

Entrez seulement avec un beau problème ou quelque
controverse brûlante : il quittera aussitôt le travail
le plus pressé, et la maison tout entière retentira
bientôt du fracas de ses discours. S'il a « la tête
tout à fait du caractère d'un ancien orateur », il a
aussi cette disposition naturelle à l'improvisateur,
la parole qui éveille la pensée et qui l'excite. Il part
tout d'un trait, prend des gestes de tribune; ses
yeux, habituellement paisibles et doux, « étincellent
de feu », et Grétry déclare que son premier élan est
d'inspiration divine. « Disparue sa timidité de bon
garçon, » il est tout entier à son démon ; une fois lancé,
bien agile qui le rattraperait; de théorie en théorie,
de paradoxe en paradoxe, il irait jusqu'au soir, jusqu'au lendemain matin : « Si je voulais suivre mes
idées, on aurait plutôt fini le tour du monde à cloche-
pied que je n'en aurais vu le bout; cependant le
monde a environ neuf mille lieues de tour. » Il
étourdit et « ahurit », mais vous sortirez toujours
de chez lui avec la tête meublée de visions nouvelles
et marquée de sa griffe. On reconnaît toujours si
Diderot a passé là.

Sa vocation est de semer : pourvu que le grain
germe, peu lui importe que ce soit dans son terrain
ou dans le champ du voisin. On exploite avec le
même sans-gêne sa bourse et son cerveau, et il en
est ravi. « Monsieur Diderot, savez-vous l'histoire
naturelle ? — Mais un peu; je distingue un aloès
d'une laitue et un pigeon d'un colibri. — Savez-
vous l'histoire du *formica-leo?* — Non. — C'est un

petit insecte très industrieux ; il creuse dans la terre
un trou en forme d'entonnoir, il le couvre à la surface avec un sable fin et léger, il y attire les insectes
étourdis, il les prend, il les suce, puis il leur dit :
« Monsieur Diderot, j'ai l'honneur de vous souhaiter
« le bonjour. » Il est entouré de *formica-leo* qu'il
appelle ses amis, et, pour s'excuser, se vante à
Sophie de ne lire, de ne réfléchir, de ne méditer, de
ne regarder, de n'entendre et de ne sentir que pour
eux. Enchanté de retrouver ses idées dans le livre
d'un confrère, il appelle ce mouvement de satisfaction « ses droits d'auteur ». Il a refait et transformé les dialogues de Galiani sur le commerce des
blés. Il a alimenté, avant de les réfuter, les chapitres
les plus hardis d'Helvétius. Les éclairs qui illuminent l'histoire philosophique de Raynal sortent
de sa forge. Il a donné à Rousseau le paradoxe qui
a fait le succès du fameux discours « Si le rétablis-
sement des sciences et des arts a contribué à épurer
ou à corrompre les mœurs ». Comme il composait
autrefois les devoirs de ses camarades du collège
d'Harcourt, il « blanchit » maintenant « le linge »
du baron d'Holbach qui écrit en haut allemand et se
pique, quand Diderot a refait ses manuscrits, d'écrire
comme Voltaire. Il a rempli la *Correspondance littéraire* de Grimm qui lui « remet son tablier », chaque
fois qu'il part en voyage, et oublie de le lui reprendre
au retour. Une fois qu'il a passé deux jours et deux
nuits à rédiger pour lui le compte rendu d'un Salon :
« La seule chose que j'ai à cœur, écrit-il à cet ami

plus impérieux qu'une maîtresse, c'est de vous épargner quelques instants que vous emploierez mieux,
dussiez-vous les passer au milieu de vos canards et
de vos dindons. » Tout en convenant qu'il y a dans
la dissipation qu'il fait de son temps quelque principe vicieux, il ne sait même pas le défendre contre
les indifférents et n'a refusé de sa vie, pas plus qu'un
morceau de pain à un indigent, une préface à un
libraire, une épître dédicatoire à un musicien, une
leçon de métaphysique à une princesse allemande
et un *Avis au public* à un inventeur de pommade.

À se livrer ainsi en pâture à tous, à jeter ses idées,
à peine écloses, aux quatre coins de l'horizon, les
heures fuient, rapides et légères. Mais la vie s'écoule
aussi sans que l'homme, rassemblant ses forces, ayant
pris la pleine possession de son propre esprit, ait
produit et mûri ce quelque chose d'immortel qu'il
avait en soi et qu'il dépense en monnaie. Diderot a
cinquante-quatre ans quand il écrit : « Je me couche
tard, je me lève matin, je travaille comme si je n'avais
rien fait de ma vie, que je n'eusse que vingt-cinq ans
et la dot de ma fille à gagner. » Mais, presque le
même jour, cet aveu lui échappe : « Jusqu'à présent,
je n'ai que baguenaudé. »

Avec Diderot, il faut toujours baisser de deux ou
trois tons ses formules de blâme ou ses épithètes
laudatives, soit qu'il parle des autres, soit qu'il dise
de lui-même : « J'ai écrit hier une lettre vraiment
sublime ! » ou qu'après l'Encyclopédie il s'accuse de
n'avoir encore que « baguenaudé ». L'inquiétude

qui dicte cette boutade n'en est pas moins légitime,
celle de l'homme qui se sait supérieur à son œuvre
et qui l'est en effet, mais qui commence à craindre,
avec raison, qu'il ne soit trop tard pour le prouver.
« Mon portrait attend toujours une inscription qu'il
n'aura que quand j'aurai donné quelque chose qui
m'immortalise. — Et quand l'aura-t-il? — Quand?
demain peut-être; et qui sait ce que je puis? » En
effet, il s'est trop dispersé, trop dépensé; il n'a produit jusqu'à présent que des fragments, il continuera,
malgré cette hantise d'une œuvre achevée, à ne produire que des fragments; il a fourni la matière de
vingt volumes; il n'a pas écrit, il n'écrira pas un
livre; le pli est pris, il ne donnera pas sa mesure;
et, comme le mot commence à se répandre avec la
chose, il est et restera journaliste.

Aussi bien, sa véritable vocation est-elle là, celle
d'un homme de première impulsion qui ne sait parler,
au jour le jour, que de ce qui l'occupe sur le quart
d'heure. Il n'a pas été le père du journalisme, qui
existait avant lui, mais on a pu dire de lui, à bon
droit, qu'il a été l'Homère du genre. Les trois quarts
de ses écrits sont des variations, souvent ingénieuses
et toujours éloquentes, sur les thèmes, livres, expériences ou tableaux, qui lui sont fournis par ses
contemporains et servent de tremplin à ses propres
idées, — c'est-à-dire des articles de journal. Sa
curiosité, qu'il a promenée sur tout, l'a préparé à
parler de tout, à tout moment, ce qui est le propre
du journaliste; et il parle de tout, non pas toujours

avec la même pénétration, mais avec la même facilité
et la même abondance. Il n'a le temps ni de coordonner ni de composer ; mais il comprend et fait
comprendre, également à l'aise dans les sujets les
plus variés. Directeur de l'Encyclopédie, dont il a inspiré et revu toutes les pages, discuté et corrigé toutes
les planches, il a discouru lui-même, avec la même chaleur de style et la même richesse de renseignements
et de vues, sur la philosophie des Japonais et sur la
fabrication de l'acier, sur les principes généraux de
la législation et sur les Malabares, sur le plaisir et
sur l'économie rustique, sur les arts mécaniques et
sur la chronologie sacrée, sur la théorie du Beau et
sur l'argent, sur les Grecs et sur les Juifs, sur
Leibniz et sur le Zend-Avesta, sur Pythagore et
sur les Sarrasins, sur Platon et sur les croisades,
sur les bibliothèques et sur la Résurrection, sur la
plastique et sur le célibat, sur les passions et sur la
propriété, sur la liberté et sur le luxe. La table des
matières de ses autres écrits est elle-même une
seconde Encyclopédie. D'autres sont architectes et
ont élevé des monuments : il est une mine ou, plutôt,
cinquante mines ou carrières à lui tout seul, avec
des matériaux, parfois précieux, parfois grossiers,
mais toujours abondants, pour les objets les plus
divers. Vous trouverez dans son œuvre un traité sur
la science de l'homme d'État et un traité des couleurs pour la peinture en émail et sur porcelaine, le
plan d'une université pour la Tsarine et un mémoire
sur la résistance de l'air au mouvement du pendule,

une étude sur la science du commerce et une étude
sur l'acoustique suivie du projet d'un nouvel orgue,
des éléments de physiologie et l'essai historique sur
les règnes de Claude et de Néron, un examen de la
développante du cercle et trois volumes de critique
d'art, un traité sur l'interprétation de la nature et
un autre sur la pantomime dramatique. Sur quelque
question et à quelque heure du jour que ce soit,
vous ne le prendrez jamais au dépourvu. L'improvisation est sa loi. De la même plume qui écrit d'un
trait, pour la corporation des libraires, la lettre sur
le commerce de la librairie, il compose en une matinée, interrompant on ne sait quel autre travail sur la
mécanique ou sur la chirurgie, le fragment exquis :
Térence était esclave... que M. Suard attend pour
finir son journal sous presse.

Si la patience du chef-d'œuvre lui fait défaut, il a,
plus que tout autre, le don de l'interprétation universelle. Il entre, avec une même aisance, dans tous
les sujets, dans tous les rôles, dans tous les personnages les plus opposés, également servi dans ses
métamorphoses successives par son intelligence, qui
est ouverte à toutes choses, et par son esprit, qui
tourne à tous les vents. Faisant le tour de toutes les
questions, il en voit toutes les faces, sous une même
lumière toujours crue et, sans avoir la force de s'arrêter à une vue d'ensemble, plaide avec la même
passion aujourd'hui le *pour* et demain le *contre*.

Dirai-je que c'est là encore le propre du journaliste que le courant des choses entraîne sans qu'il

puisse jamais le dominer? En tout cas, il ne songe
même pas à se défendre de ces variations et se
flatte, au contraire, de n'avoir jamais connu la peur
de se contredire. Il a constaté que, dans son pays
de Langres, « les vicissitudes de l'atmosphère sont
telles qu'on passe en vingt-quatre heures du froid
au chaud, du calme à l'orage, du serein au pluvieux »,
et qu'il est impossible que ces effets ne se fassent
pas sentir aux âmes. « La tête d'un Langrois est sur
ses épaules comme un coq d'église au haut d'un clo-
cher; elle n'est jamais fixe dans un point; et, si elle
revient à celui qu'elle a quitté, ce n'est pas pour s'y
arrêter. » Or « il est de son pays », et cette mobilité
du climat se traduit chez lui, comme chez ses compa-
triotes, « par une même rapidité surprenante dans les
mouvements, dans les désirs, dans les projets, dans
les fantaisies et dans les idées ». Il écrit, ailleurs,
à propos de ses portraits : « J'avais en une journée
cent physionomies diverses, selon la chose dont
j'étais affecté; j'étais serein, triste, rêveur, tendre,
violent, passionné, enthousiaste; j'ai un masque qui
trompe l'artiste, soit qu'il y ait trop de choses fondues
ensemble, soit que, les impressions de mon âme
se succédant trop rapidement et se peignant toutes
sur mon visage, l'œil du peintre ne me retrouve pas
le même d'un instant à l'autre. » Et, dès lors, tel le
climat de sa terre natale ou telle sa physionomie,
tels aussi son esprit, son talent, sa manière de comprendre les choses et de les rendre. Vivre pendant
plusieurs mois ou, seulement, pendant quelques

jours avec une seule pensée dominante qu'on s'applique à deviner et à connaître dans toutes ses beautés cachées, cette monogamie intellectuelle est contraire à sa nature; il faut à ce sultan un harem d'idées où il butine joyeusement au gré de ses caprices. Mais le sultan n'a jamais de toutes ces formes effleurées que le corps, dans une jouissance passagère et incomplète : l'époux, l'amant exclusif et jaloux, pénètre seul jusqu'à l'âme.

Soit, disent ses dévots qui travaillent depuis cinquante ans à détrôner le roi Voltaire à son profit, soit, il a dispersé et trop souvent gâché les trésors de la nature la plus riche et la plus féconde; mais, avec ces lacunes, ces manques de logique et ces vulgarités, il ne reste pas moins l'homme de génie de son siècle. Homme de génie, est-ce bien sûr? Et la vraie formule ne serait-elle pas plutôt dans ce jugement qu'il attribue à Grimm, à propos de l'un de ses bustes, mais dont la vive et pressante expression est certainement de sa manière : « *J'ai l'air d'un homme que le génie va saisir* »?

Le génie, en effet, n'est pas en Diderot comme il est en Shakespeare ou en Gœthe; il plane seulement au-dessus de l'inépuisable polygraphe pour fondre sur lui à l'improviste et l'emporter pendant quelques instants à des hauteurs où nul, sans doute, de ses contemporains ne s'est élevé, mais d'où il descendra aussi vite qu'il y est monté pour retomber sur terre, étourdi comme d'une chute, et plonger parfois d'autant plus profondément dans la boue. Rien de plus éclatant, mais, aussi, de plus rapide et de plus soudain. L'œil a vraiment la sensation de l'éclair qui passe. Diderot discute à son habitude, tantôt, avec un air de paradoxe, suivant l'ornière des lieux communs, tantôt, sous des dehors orthodoxes, vraiment hardi et novateur. Tout à coup, au milieu d'un développement, le génie qui le guette le prend aux cheveux et l'enlève ; des sphères inattendues où il est monté d'un seul bond, il aperçoit alors, le premier, dans l'âme ou dans la nature, dans la science ou dans l'art, des vérités insoupçonnées jusqu'à lui ou seulement entrevues dans le brouillard. Lui fixe sur elles son œil clair, journaliste devenu prophète, s'illumine à l'éblouissement vainqueur de leur flamme et, dans la fièvre de son rêve, d'un trait puissant et désormais ineffaçable, marque sur la carte des connaissances humaines la terre qu'il vient de découvrir, mais qu'il lui suffit d'avoir saluée de loin et où il n'abordera pas. C'est le précurseur. Il se contente d'avoir signalé à l'horizon les Amériques nouvelles. Il en abandonne la conquête aux Cortès et aux Pizarre de la pensée qui lui succéderont et qui s'appelleront Lamarck ou Lessing, Spencer ou Auguste Comte, Claude Bernard ou Darwin.

Voilà, chez Diderot, le coup d'aile du génie, les heures « où il n'est pas possible d'être plus profond et plus fou », et il en parle lui-même avec une espèce de crainte : « Qu'est-ce que l'inspiration ? L'art de lever un pan du voile et de montrer aux hommes un coin ignoré ou *plutôt* oublié du monde qu'ils habitent. L'inspiré est lui-même incertain quelquefois si la chose qu'il annonce est une réalité ou une chimère, si elle existera jamais hors de lui. Il est alors sur la dernière limite de l'énergie de la nature de l'homme et à l'extrémité des ressources de l'art. » Mais de pareilles ivresses prophétiques, ces délires de voyant sont nécessairement rares : « l'on n'a qu'une fois un certain tour de tête ». Non point assurément qu'on doive dédaigner la chaleur d'où se dégagent ces fulgurantes clartés passagères et qui est sa température normale. Plus grande force de calorique n'a existé en effet chez aucun homme ; son fourneau intérieur est toujours en combustion. Exubérant de vie, au bruit des idées qui battent comme des cymbales sous son front, il possède au suprême degré le don de faire vivre ; tout, sous sa plume comme sous sa parole, s'anime, respire et palpite. Qu'il décrive un instrument de mécanique, un simple outil ou une œuvre d'art, qu'il raconte un drame du cœur ou qu'il expose une controverse de métaphysique ou de science, il le fait avec la même vivacité d'intérêt. Sa curiosité est plus ou moins ardente ; elle est toujours éveillée. Ses mouvements sont plus ou moins précipités ; il ne reste jamais immobile. Mais cet enthousiasme, cette passion, cette allure de charge, c'est un charme puissant sans doute, parce que l'intensité de vie est pour les vivants la plus grande force d'attraction qui soit. Cependant, ce n'est point là le génie ; et même, la continuité du procédé finit par fatiguer.

Décidément, cette lyre vibre trop et à propos de trop d'objets indifférents. Il admire trop, il pleure trop, il se pâme trop. Pascal veut que le froid soit bon pour se chauffer. Diderot manque de courants d'air. Le lyrisme, dit-on, ne comporte pas de nuances, ou il n'en comporte guère ; mais tout n'est pas sujet à lyrisme. A admirer avec les mêmes gestes Virgile et Richardson, les Vierges de Raphaël et les petites filles de Greuze, on finit par déprécier tout éloge. Rien de plus doux qu'une chaude amitié ; mais l'émotion continuelle agace. Quand Diderot se jette en pleurant dans les bras de Grimm, après une absence de quinze jours, et sanglote tout le long du dîner : « Mon ami, ah ! mon ami ! » il fait regretter le « monsieur » des hôtes sévères de Port-Royal. La vertu, tout comme le lyrisme, a ses heures. « Ah ! ma Sophie ! qu'il est doux d'ouvrir ses bras quand c'est pour y recevoir et pour y serrer un homme de bien ! » cela est pis qu'une sottise.

Ce n'est donc pas seulement l'ordre et la méthode qui lui ont fait défaut, c'est quelque chose de plus essentiel : le goût. Et, sans doute, s'il en avait eu l'instinct, il n'aurait pas eu, en même temps, parce que l'un exclut l'autre, ce tempérament et cette force révolutionnaires qui le poussèrent, avec une victorieuse impétuosité, contre tant de vieilles lois et de philosophies surannées, de lâchetés et d'hypocrisies sociales, contre les dieux et contre les rois. Il faut opter ou, plutôt, comme c'est la nature

elle-même qui a opté, il n'y a plus qu'à constater
que tout se paye, la puissance par le désordre,
exactement comme la grâce par la faiblesse. Parce
qu'il est un homme de forte vie, il est un violent,
pour ne pas dire un brutal ; il voit gros et il parle
gras. Ce n'est pas pour rien que les philosophes
anciens et même quelques modernes ont prescrit
l'enseignement de la danse ; elle apprend au corps
la flexibilité et la grâce dont l'esprit prend sa part
comme le style. Diderot avoue qu'ayant essayé de
danser, il n'y a jamais réussi et l'on s'en aperçoit.
Il convient encore de se défier des gens qui ne
savent pas manger ; or il est glouton et, de son
propre aveu, « aime à se crever de mangeaille ». Il
entasse dès lors les mots et les phrases, comme les
mets, sans discernement, en tas. Entre vingt arguments qui se présentent, il ne sait pas choisir et
faire son menu : il les prend tous, revient deux ou
trois fois à chacun comme à son plat favori de chou-
croute, engloutit tout pêle-mêle ; cela s'arrangera
dans l'estomac, arrosé de fortes rasades. Son style,
encore classique, mais déjà romantique, est le plus
riche du XVIII\ siècle ; sa prose est pleine et sonore,
harmonieuse et lumineuse, on peut la lire à haute
voix et elle fait image, c'est de la peinture et de la
musique. Mais les grands mots y nagent dans l'emphase, les gros mots dans l'ordure. Sa verve est
vigoureuse, mais épaisse et turbulente, et l'on
compterait ses traits d'esprit qui ne sont probable-
ment pas de lui. Une fantaisie légère peut seule

sauver la licence : la sienne a la lourdeur d'un
pachyderme ou d'un traité de théologie ; il ne glisse
jamais et appuie toujours. Comme il a eu les plus
hautes envolées, il a connu les plus basses des-
centes de son siècle. Le chevalier de Castellux
disait de ses livres que ce sont des idées qui, s'étant
énivrées, se sont mises à courir les unes après les
autres : elles se sont grisées trop souvent d'un vin
trop grossier et leur course est une bacchanale de
foire. Fils du peuple et resté peuple, s'il en a la
santé robuste, il en a gardé aussi toute la grossièreté et ne s'est jamais décrassé.

S'il a aimé passionnément sur le tard, il ne
recherche pas, par une timidité de rustre, la société
des femmes ; même avec celles du monde encyclopédique qui ne rougissaient pas facilement, il n'est
pas à l'aise ; il faut encore se gêner avec elles, et
cela paralyse ses moyens ; il se trouve bien mieux
avec des filles d'Opéra, « parce qu'on peut être
avec elles comme on veut : bien sans vanité, mal
sans honte », et mieux encore au cabaret où il peut
se mettre en bras de chemise, boire son saoul,
crier à tue-tête les petits madrigaux infâmes de
Catulle qu'il sait par cœur. Il finira par oublier le
chemin de la Chevrette ; Mme d'Épinay est trop fine,
Mme d'Houdetot trop délicate ; sans les propos
effrénés de Mme d'Aîne, la table même de d'Holbach n'eût pas suffi à le retenir au Grandval, et
croyez que si la Tsarine ne l'avait point convié à la
traiter en garçon, il ne lui eût pas trouvé « l'âme

de Brutus avec les charmes de Cléopâtre ». Prenez
ses lettres à Mlle Volland : sauf quelques pages
d'une tendresse profonde où il a mis tout ce qu'il
y avait en lui de meilleur, elles pourraient avoir été
écrites à un camarade de collège. Il en salit inutilement les plus jolies descriptions et les plus aima-
bles récits. Il est si intéressant qu'on lui pardonne
volontiers de n'avoir point compris que le « moi »
est haïssable; mais ne pourrait-il se mettre en
scène sans s'y déshabiller? Il n'y a pas de plus
belle formule que celle-ci : « Revenir à la nature »;
mais pour y revenir il n'est peut-être pas besoin
de descendre jusqu'à la bestialité. Diderot a découvert « qu'un aveugle n'aurait pas le sentiment de
la pudeur » : il est cet aveugle. — Il aime vraiment
la vertu, mais toujours, faute de goût, il s'en fait
trop honneur, s'en vante comme d'un vice. Il est
fort bien que le récit d'une belle action « excite à
toute la surface de son corps un frémissement qui
se fait sentir surtout au haut du front et à l'origine
des cheveux »; mais ce n'est pas respecter la vertu
que la mêler systématiquement à des occupations où
il serait plus loyal de ne pas chercher à faire l'ange.
« Si Nature a pétri une âme sensible », c'est la
sienne, mais la tendresse, à s'épancher sur tout,
devient insipide et presque suspecte. A force de
pleurer sur le sein de Greuze et dans le gilet de
Sedaine, de sangloter devant les notaires qui rédigent des actes de partage et de « baiser cent fois »
un ami qui part en vacances, il finit par user le

ressort de sa plus grande puissance, cette force de persuasion qui venait du cœur pour y aller. « Rien de toute sa manière ne vient à mon âme, écrira Mlle de Lespinasse, et sa sensibilité est à fleur de peau. » — Et vous protesterez sans doute qu'à travers tous ces dévergondages de la pensée, de la parole et du geste, il reste profondément sincère. Mais le goût est un maître si jaloux que son absence seule suffit à gâter les plus beaux dons de la nature et à en amortir les plus heureux effets. De philosophe il passe sophiste; son éloquence a tourné en rhétorique; désormais, plus il crie en se démenant, moins il se fait entendre.

> ... Tous vos discours ne me touchent point l'âme;
> Horace, avec deux mots, en ferait plus que vous.

Horace, pour Mlle de Lespinasse, porte plus d'un nom ; pour la postérité, au XVIIIe siècle, c'est Voltaire.

CHAPITRE II

L'ENCYCLOPÉDIE

Que devait être l'Encyclopédie? Qu'a-t-elle été? Qu'en reste-t-il?

Un chapitre, l'un des plus considérables qui soient, mais encore et de longtemps inachevé, de l'histoire de l'esprit humain tient dans cette question. Née d'une spéculation de libraires, la masse de l'Encyclopédie domine le siècle; la Révolution en sort directement, comme le fleuve de la montagne, et le fleuve n'a pas encore achevé de creuser son cours, il est encore loin, très loin de la mer, nul ne sait quand il la rencontrera — et ceci seulement est certain, c'est que, le jour où cette source serait tarie, la terre entière se dessécherait.

Peu d'origines sont plus humbles. Vers 1745, quelques libraires, parmi lesquels Le Breton, imprimeur de l'*Almanach Royal*, et Briasson, reçoivent la visite de deux étrangers, l'Anglais Mills et l'Allemand Sellius, qui leur proposent de traduire l'Encyclopédie britannique de Chambers. Ce répertoire, compilé d'ailleurs, sans mesure et sans choix, sur des ouvrages français, avait eu à Londres « un grand nombre d'éditions rapides » et enrichissait ses éditeurs; les libraires parisiens entrevoient un même succès pour une adaptation française, et examinent l'affaire. Brouillé bientôt avec Mills et Sellius qui voulaient pour eux le bénéfice du privilège que Le Breton entendait se réserver, celui-ci s'adresse à l'abbé de Gua de Malves. Cette nouvelle négociation échoue. Diderot, qui venait de se marier et n'avait pas le sou, traduisait alors, en collaboration avec Eidous et Toussaint, les six volumes in-folio du *Dictionnaire de Médecine* de Robert James. Le chancelier d'Aguesseau l'indique aux libraires, le philosophe accepte d'enthousiasme une besogne qui lui donnera, avec douze cents livres par an, « le bonheur suprême d'exercer ses talents et de connaître tous les arts en étant forcé de les décrire », et le privilège de la nouvelle Encyclopédie est revêtu, le 21 janvier 1746, du sceau royal de Louis XV.

Diderot s'était contenté de traduire le dictionnaire médical de James; l'Encyclopédie lui ouvrait d'autres horizons; il ne s'arrêta pas un instant à l'idée « d'une traduction pure et simple ». Cette besogne de manœuvres « eût excité, avec l'indignation des savants, le cri du public à qui on n'eût présenté, sous un titre fastueux et nouveau, que des richesses

qu'il possédait depuis longtemps ». Diderot eut tout
de suite l'intuition de quelque chose de plus grand,
« d'un livre où seraient tous les livres », d'un cadre
immense qui réunirait « le tableau général des efforts
de l'esprit humain dans tous les genres et dans tous
les siècles », d'un monument que sa masse même
mettrait à l'abri des révolutions, d'un sanctuaire
qui assurerait à la postérité et « à l'être qui ne
meurt point » le dépôt du savoir de l'homme depuis
l'origine de la civilisation.

Assurément, et dès la Renaissance, de Bacon à
Leibniz, plus d'une tentative avait eu lieu pour
réduire sous la forme de dictionnaire tout ce qui
concerne l'ensemble des connaissances humaines.
Mais le grand chancelier « avait jeté le plan d'un
dictionnaire universel des sciences et des arts en
un temps où il n'y avait, pour ainsi dire, ni sciences
ni arts », et les essais de ses successeurs avaient
été également prématurés. « Quel progrès n'a-t-on
pas fait depuis? Combien de vérités découvertes
aujourd'hui qu'on n'entrevoyait pas alors? La vraie
philosophie était au berceau; la géométrie de l'infini
n'était pas encore; la physique expérimentale se
montrait à peine; il n'y avait point de dialectique;
les lois de la saine critique étaient entièrement igno-
rées. L'esprit de recherche et d'émulation n'animait
pas les savants : un autre esprit, moins fécond peut-
être, mais plus rare, celui de justesse et de méthode, ne s'était point soumis les différentes parties
de la littérature; et les académies, dont les travaux

ont porté si loin les sciences et les arts, n'étaient
pas instituées. » Au contraire, au moment où
Diderot acceptait les propositions des libraires et
résumait dans le *Prospectus* les idées directrices de
l'Encyclopédie, l'humanité, riche des progrès im-
menses accomplis depuis trois siècles, atteignait
dans sa marche l'un de ses tournants d'où il était
possible enfin d'embrasser d'un regard « le vaste
latifundium du règne philosophique », de résumer
les milliers de détails infinis qui s'étaient accumulés
depuis l'origine des sociétés, et de distinguer, du
sommet où l'on était parvenu, « les liaisons éloi-
gnées ou prochaines », mais jusque-là inconnues
ou seulement soupçonnées, « des êtres qui compo-
sent la nature et qui ont occupé les hommes ». Ce
que le « génie extraordinaire de Bacon » avait
rêvé au XVIe siècle, préparer et hâter l'avenir par
l'inventaire du passé, l'heure était venue de le réa-
liser. Le mérite de Diderot fut de l'avoir compris,
d'avoir saisi au vol le moment précis où faire un
corps général des connaissances innombrables, mais
encore fragmentaires, qui attendaient un système et
une interprétation, c'était donner à l'idée nouvelle,
« non encore formulée » et seulement flottante, sa
base d'opérations contre le passé. Diderot communique son enthousiasme à Le Breton. Il est convenu
que l'imparfaite publication de Chambers ne servira
que de point de départ; l'auteur anglais « rentrera
simplement dans la classe de ceux qui seront particulièrement consultés »; mais l'Encyclopédie fran-

çaise aura de bien autres assises, elle sera vraiment l'*Instauratio Magna* qu'avait conçue Bacon, l'apothéose de l'esprit humain.

Le *Prospectus* de l'Encyclopédie « ou Dictionnaire raisonné des sciences, des arts et des métiers » parut au mois d'octobre 1750. Après avoir informé le public des origines de l'entreprise, Diderot en établit le double objet. Il s'agit d'abord « de former un arbre généalogique de toutes les sciences et de tous les arts qui marque l'origine de chaque branche de nos connaissances et les liaisons qu'elles ont entre elles et avec la tige commune ». La nature est *une*, a dit Buffon ; la science est *une*, ajoute Diderot. Mais, d'autre part, « bien que la nature ne nous offre que des choses particulières, infinies en nombre et sans aucune division fixe ou déterminée ; bien que tout s'y succède par des nuances insensibles », et qu'enfin, « sur cette mer d'objets qui nous environnent », ceux qui paraissent, comme des pointes de rochers, perçant la surface et dominant les autres, « ne doivent cet avantage qu'à des systèmes particuliers et qu'à des conventions vagues » ; s'il a été déjà impossible d'assujettir l'histoire seule de la nature « à une distribution qui embrassât tout », il en sera de même *a fortiori* pour le sujet beaucoup plus étendu qui est celui de l'Encyclopédie. Il faudra s'en tenir dès lors « à quelque méthode satisfaisante pour les bons esprits qui comprennent ce que la nature des choses comporte ou ne comporte pas ». « Les êtres physiques agissent sur les sens ; l'enten-

dement ne s'occupe de ses perceptions que de trois
façons, selon ses trois facultés principales. » Or,
« ou l'entendement fait un dénombrement pur et
simple de ses perceptions par la mémoire; ou il
les examine, les compare et les digère par la raison;
ou il se plaît à les imiter et à les contrefaire par
l'imagination »; et, par conséquent, la distribution
générale de la connaissance humaine sera, elle
aussi, tripartite. Elle comprendra l'*histoire*, qui se
rapporte à la *mémoire*; la *philosophie* ou *science*,
qui émane de la *raison*; la *poésie*, qui naît de
l'*imagination*. Et l'on objectera que l'ordre alpha-
bétique, auquel il a fallu se résigner pour la com-
modité des recherches, détruit la liaison du système
de la connaissance humaine. Mais, comme « cette
liaison consiste moins dans l'arrangement des matières que dans les rapports qu'elles ont entre
elles », rien ne peut l'anéantir. « On aura soin de
la rendre sensible par la disposition des matières
dans chaque article, par l'exactitude et la fréquence
des renvois. » L'essentiel, d'ailleurs, n'est-il pas de
proclamer au frontispice même de l'ouvrage, avec
l'unité de la nature, l'unité, supérieure encore, de
la science?

Voilà donc le premier objet de l'Encyclopédie :
elle montrera l'ordre et l'enchaînement des connaissances humaines; elle sera ensuite, ce second objet
n'étant au surplus que la conséquence du premier,
le dictionnaire raisonné des sciences proprement
dites, des arts libéraux et des arts mécaniques ou

métiers. Diderot expose d'abord pourquoi il lui a
paru indispensable « d'allier partout aux principes
des sciences et des arts libéraux l'histoire de leurs
origines et de leurs progrès successifs ». Mais si
déjà « l'on a trop écrit sur les sciences », et si,
encore, « l'on n'a pas assez bien écrit sur la plupart
des arts libéraux », on n'a presque rien écrit sur
les arts mécaniques et voici, peut-être, l'originalité
la plus hardie de l'Encyclopédie. Diderot, au
XVIIIᵉ siècle, est, par excellence, le philosophe ; oui,
sans doute ; mais il est le fils d'un coutelier de Langres
et il ne l'oublie pas. Le jour donc où la fortune lui
apporte l'instrument qui, poussé vigoureusement et
dans le bon sens, peut et doit donner à l'esprit
humain une impulsion et à la société des directions
nouvelles, il met son honneur à tirer le travail
manuel de l'obscurité méprisée où il était relégué
depuis des siècles. Il lui rendra son rang et ses
droits dans la civilisation. Il sera ainsi non pas seulement le prophète de l'industrie moderne, mais le
précurseur de la démocratie elle-même.

Ce dont nous jouissons sans crainte et en toute
sécurité, nous croyons l'avoir toujours possédé ;
nous cessons, de jour en jour, d'en connaître le
prix : c'est l'une des infirmités les plus misérables
de notre nature. Le monde du travail a conquis
depuis cent ans une telle place qu'il a tout simplement oublié l'époque où il était le travail servile,
où l'État ne s'occupait de lui que pour le broyer
sous sa meule militaire ou fiscale, où la Pensée même,

plus dure encore et non moins ingrate, ne se salis-
sait pas à descendre jusqu'à lui. Cependant cette
époque n'est pas si loin de nous et l'on a pu fixer la
date où, pour la première fois, entre le *Prospectus*
de l'Encyclopédie et l'article de Quesnay sur les
fermiers, entre 1750 et 1760, les philosophes entre-
prirent de découvrir les classes ouvrières, de faire
connaître le travail sans lequel la civilisation ne
serait qu'un rêve, et de préparer ainsi, révolution à
la fois intellectuelle, politique et sociale, l'avéne-
ment du tiers état à la liberté et au pouvoir. Et,
certes, ni Diderot d'abord, ni Quesnay ou Turgot
après lui, ne pouvaient soupçonner ni la force du
mouvement qu'ils provoquaient, ni quelles en seraient
les conséquences, que, peut-être même, ils n'auraient pas toutes souhaitées. Est-ce qu'aujourd'hui
même nous connaissons tout ce qu'il y a de force
dans l'évolution qui, après avoir fait de l'industrie
la reine du monde, porte l'ouvrier vers la souveraineté? Qui peut prévoir par quels anneaux se continuera la chaîne invincible des effets et des causes?
A quelque horizon restreint que vous borniez la
vision prophétique de Diderot, il n'en reste pas
moins qu'il a, le premier, deviné et salué le monde
moderne.

Évidemment, quand il demandait aux arts libéraux,
« qui s'étaient assez chantés eux-mêmes », d'employer désormais leur voix à célébrer les *arts mécaniques* et « à les tirer de l'avilissement où le préjugé
les avait tenus si longtemps »; quand, s'adressant

ensuite aux artisans eux-mêmes, « qui ne se sont
crus méprisables que parce qu'on les a méprisés »,
il les invitait à mieux penser d'eux-mêmes; Diderot
obéissait surtout à l'instinct de justice qui était en
lui, et se souvenait pieusement, pour les réhabiliter,
de l'atelier et de l'établi paternels. Mais, ici encore,
il subissait et suivait cette force qui, toute sa vie,
dans toutes les questions, le poussait vers les solu-
tions de l'avenir et vers les soleils levants. Il ne
cherche, du moins en apparence, qu'à faire pénétrer
dans l'obscurité des ateliers et des fabriques la
lumière qui ne s'était arrêtée, jusqu'alors, que sur
les nobles sommets de la science pure et de l'art.
Mais chercher à faire connaître dans leurs moindres
détails les milliers d'outils qui ont élevé la pyramide
de la civilisation et qui sont les instruments indis-
pensables de l'intelligence, c'est faire connaître
aussi à ceux qui les manient leurs droits, leur puissance et leur force. C'est ouvertement d'ailleurs et
même très haut qu'il réclame pour les artisans et les
« journaliers » une part de cette gloire dont le monopole était accaparé par les rois, les guerriers et les
artistes. Écoutez comment, dans des termes qui nous
sont devenus familiers, mais dont l'audace alors était
singulière, il va les définir et les présenter : « Journalier, ouvrier qui travaille de ses mains, et qu'on
paye au jour la journée. Cette espèce d'hommes
forme la plus grande partie d'une nation; c'est son
sort qu'un bon gouvernement doit avoir principale-
ment en vue. Si le journalier est misérable, la nation

est misérable. » Et, dès lors, comment nier qu'en dressant l'exposé de la science des métiers, il ait entrevu dans ce monument qu'il élevait aux classes ouvrières les assises d'un monde nouveau?

On annonce simplement les choses qui sont vraiment grandes; au milieu de l'emphase qui obscurcit souvent, comme une buée opaque, la phrase de Diderot, une gravité inusitée fait jaillir d'un vif relief les pages du *Prospectus* qui servent d'introduction à l'histoire du travail manuel et de ses génies anonymes. Il expose en quelques lignes les raisons qui l'ont déterminé à faire dans l'*Encyclopédie* une part considérable et toute nouvelle aux arts mécaniques et, plus simplement encore, résume la méthode de l'immense enquête qu'il a commencée. « On s'est adressé aux plus habiles ouvriers de Paris et du royaume; on s'est donné la peine d'aller dans leurs ateliers, de les interroger, d'écrire sous leur dictée, de développer leurs pensées, d'en tirer les termes propres à leurs professions, d'en dresser des tables, de les définir, de converser avec ceux dont on avait obtenu des mémoires, et (précaution presque indispensable) de rectifier, dans de longs et fréquents entretiens avec les uns, ce que d'autres avaient imparfaitement, obscurément et, quelquefois, infidèlement exprimé. » Non seulement il se fera apprenti lui-même pour connaître le détail des industries, mais, ayant observé qu' « à peine, entre mille artisans, en trouve-t-on une douzaine capables de s'exprimer avec quelque clarté sur les instruments qu'ils

emploient et sur les ouvrages qu'ils fabriquent », il
entreprendra la théorie des professions dont ils ne
savent que la pratique. Il caresse d'une même sympathie les métiers les plus humbles et les métiers
les plus compliqués. Il s'attache à la glorification de
cette machine où des esclaves ignorants ont vu
l'œuvre du démon et que d'autres barbares, plus
tard, non moins stupides, mais plus ingrats, dénon-
ceront à leur tour. Il devine en elle l'instrument du
progrès; alors même qu'il ne la comprend pas, son
instinct l'avise qu'une force bienfaisante doit être en
elle; « il ose donner aux savants l'avis de ne pas
juger des choses avec trop de précipitation, de ne
pas proscrire une invention comme inutile, parce
qu'elle n'aura pas dans son origine tous les avantages qu'on pourrait en tirer ». L'esprit moderne,
dans ce qu'il a de plus hardi, est en ces quelques
pages et dans l'article *Art* qui en est le développement. Il trace « le projet d'un traité général
des arts mécaniques » et, rêvant d'une méthode
de découverte, esquisse la science expérimentale.
« Nous devons au hasard un grand nombre de connaissances; il nous en a présenté de fort nom-
breuses que nous ne cherchions pas : est-il à pré-
sumer que nous ne trouverons rien quand nous
ajouterons nos efforts à son caprice et que nous
mettrons de l'ordre et de la méthode dans nos
recherches? » Aucun progrès industriel, mécanique,
scientifique ne lui paraît impossible. « Pour nous
encourager dans nos recherches, ne suffit-il pas

d'ailleurs du spectacle des siècles qui se sont
écoulés, sans que les hommes se soient aperçus des
choses importantes qu'ils avaient sous les yeux? »
L'esprit humain est bizarre : « S'agit-il de découvrir, il se défie de sa force, il s'embarrasse dans les
difficultés qu'il se fait, les choses paraissent impos-
sibles à trouver; sont-elles trouvées, il ne conçoit
plus comment il a fallu les chercher si longtemps, et
il a pitié de lui-même. » Il a, lui, l'oreille toujours
tendue, l'œil toujours ouvert; il est déjà le voyant
qui, dans une lettre à Mlle Volland, devinera le télégraphe électrique. « Qui sait si cet homme-là (le
physicien Camus) n'étendra pas un jour la correspondance d'une ville à une autre, d'un endroit à
quelques centaines de lieues de cet endroit? La jolie
chose! il ne s'agirait plus que d'avoir chacun sa
boîte; ces boîtes seraient comme deux petites impri-
meries où tout ce qui s'imprimerait dans l'une subi-
tement s'imprimerait dans l'autre. » Aucun obstacle
ne lui paraît invincible; l'homme peut et doit triom-
pher de la nature. Ce doit être l'un des objets principaux de l'Encyclopédie que de préparer ces vic-
toires de la civilisation, d'abord en réhabilitant les
arts mécaniques, en dressant ensuite le bilan exact
des progrès, déjà accomplis, de l'industrie scientifique. Il passera donc en revue tous les arts sans
exception, et, « comme le peu d'habitude qu'on a et
d'en écrire et d'en lire rend ces choses difficiles à
expliquer d'une manière intelligible », le texte de
l'Encyclopédie sera complété par une vaste série de

planches. « On enverra des dessinateurs dans les ateliers; on prendra l'esquisse des machines et des outils; on n'omettra rien de ce qui peut les montrer distinctement aux yeux. » Diderot, pendant tout le temps que durera la publication de l'Encyclopédie, reverra lui-même ces deux à trois mille dessins, en corrigera toutes les épreuves, ne permettra à personne d'empiéter sur ce domaine qui est le sien. « Votre unique affaire, écrira-t-il plus tard à l'imprimeur Le Breton, a été de payer les travailleurs que j'occupais et j'aurais trouvé mauvais que vous prissiez un autre soin. » Et l'âme même de Diderot, en effet, anime cette collection de planches, belles par l'exactitude, la clarté et l'intelligence du dessin, mais plus belles encore par la sensation de vie intense qui s'en dégage et qui n'a pas peu contribué à fixer l'attention sur ce monde, jusqu'alors ignoré et dédaigné, du travail. Un Anglais, à la fois politique et philosophe [1], tournant les feuilles de ces volumes, croit y voir défiler devant lui « le panorama splendide de l'activité humaine »; il en est émerveillé comme à la vue même de la ruche immense qui s'appelle Paris, la première fois qu'il la contempla des hauteurs de Montmartre, et qui est tout simplement « l'un des plus beaux spectacles du globe ».

Le plan général de l'Encyclopédie une fois arrêté, Diderot chercha des collaborateurs. Peu connu du

1. Morley, *Diderot*, t. I, p. 190.

public (il n'avait encore rien publié sous son nom),
connu du gouvernement surtout par ses « fautes »,
il eut l'habileté de s'adresser d'abord à d'Alembert
qui était membre des Académies, « n'avait jamais eu
d'aventures » et jouissait de ce crédit moral qui
n'est pas seulement l'apanage légitime de la probité, mais le bénéfice, non moins légitime d'ailleurs,
de la tenue même dans la vie. D'Alembert accepta,
non pas une simple collaboration, mais la véritable
association qui lui était offerte, prit la direction de
toute la partie mathématique et écrivit le *Discours
préliminaire*, servant de préface. Ce morceau de
grande allure, d'une élégance simple et vraiment
exquise de style, courageux sans témérité, sagace
sans profondeur, vigoureux sans éloquence, lumineux sans éclairs, fut reçu par un immense applau-
dissement qui s'étendit à toute l'Europe et décida
du succès de l'Encyclopédie. La mode — mais en
fut-il jamais de plus belle? — était à l'étude des
origines. Montesquieu venait de retrouver dans
l'*Esprit des lois* les titres égarés du genre humain;
Buffon avait essayé de décrire les premières émotions du premier homme s'éveillant à la vie; Rousseau recherchait les causes de l'inégalité parmi les
hommes; la statue de Condillac expliquait la génération des facultés de l'âme. Quand d'Alembert,
descendant à son tour dans l'arène, retraça dans son
Discours la généalogie des connaissances humaines,
ce fut un événement; l'admiration fut unanime,
les salons s'enflammèrent, Voltaire proclama que

la *méthode* de Descartes était surpassée, et les critiques réputés les plus impitoyables désarmèrent.

Ce qui fait, entre tous les siècles, la noblesse et la grandeur du XVIIIe, c'est que l'âme française ne fut jamais, précisément pendant le cycle de l'Encyclopédie, plus assoiffée de vérité et de justice, plus éprise de claire lumière. Sous le gouvernement le plus vil qu'elle eût encore subi, elle se redressait de toute la force invincible de l'esprit. Le combat n'était pas encore pour les réalités pratiques; il était tout entier pour les idées. L'image de Pascal : « L'homme n'est qu'un roseau, le plus faible de la nature, mais c'est un roseau pensant », ne fut jamais plus vraie que des philosophes et de leurs amis. Entre la Bastille et le donjon de Vincennes toujours menaçants, entre la brutalité de la censure et la haine exaspérée des Jésuites, les philosophes étaient les plus faibles des roseaux, mais ils pensaient, et leur pensée, alors même qu'elle ne se risquait au dehors que voilée, avait tous les rayonnements du glaive. Chaque pensée nouvelle, au fur et à mesure qu'elle éclatait, chassait et dissipait devant elle un pan d'ombre, un peu de superstition et de tyrannie. Cette marche, lentement, mais irrésistiblement ascendante, de la philosophie envahissait le ciel comme une aurore. Dès qu'eurent résonné la fanfare du *Prospectus* de Diderot et le pæan du *Discours préliminaire* de d'Alembert, tous les yeux se tournèrent du côté où l'armée de l'avenir se fai-

sait précéder de cette musique ; les vieux murs de
Jéricho tremblèrent sur leurs bases.

Regardons cette armée qui se forme dans le
silence pendant près de trois années et dont la
marche à travers un quart de siècle n'a pas fini
d'éveiller les échos.

Au premier rang, les deux co-directeurs, Diderot et d'Alembert ; celui-ci, faible et maladif, scep-
tique et prudent, géomètre n'ayant eu encore d'autres maîtresses que les mathématiques, penseur
n'ayant encore appliqué l'ingéniosité de son esprit
délicat et subtil qu'à la science pure, mais subissant
déjà l'impulsion violente du siècle et, par amour
du vrai plus que par goût, retournant peu à peu
son activité vers la philosophie et les polémiques ;
celui-là, au contraire, robuste et fort, d'un enthousiasme inextinguible et toujours prêt à la bataille,
ayant connu tout de la vie de très bonne heure et ne
s'étant dégoûté de rien, d'une curiosité insatiable et
d'une force de labeur que rien ne lasse, ayant pour
domaine la nature et comme elle toujours en travail
de conception et d'enfantement, passant avec la
même facilité « des hauteurs de la métaphysique au
métier d'un tisserand [1] » et de l'anatomie au théâtre,
dressant sur son col nu « cette tête universelle qu'on
regardera de loin comme nous considérons aujour-
d'hui la tête des Platon et des Aristote [2] ». Voilà les

1. Voltaire à Thiriot, *Corr.*, 19 novembre 1760.
2. Rousseau, *Confessions*, livre VI.

deux généraux de la légion encyclopédique, la raison sereine qui domine tout, la passion débordante qui réchauffe tout.

Et quel état-major à leurs côtés, autour d'eux! D'abord, Voltaire lui-même, le roi Voltaire, qui s'est enrôlé des premiers, dont le rire sonne comme un clairon et qui, dans son ardeur toujours plus juvénile à mesure qu'il vieillit, ne trouve jamais le mouvement assez rapide, la fusillade assez nourrie. Montesquieu vient ensuite, déjà frappé de mort, promettant plus qu'il ne peut tenir, mais qui n'a pas voulu manquer à l'appel et laissera en mourant l'admirable article sur le *Goût*. Puis Rousseau, qui a pris pour sa part la théorie et la pratique de la musique; Buffon le superbe, avec son inséparable Daubenton, à qui l'histoire naturelle revient de droit; le jeune Turgot, modeste autant que profond, qui apporte, sous l'anonyme, ses riches études sur la linguistique, l'administration et l'économie politique naissante; d'Holbach et Duclos; l'infatigable chevalier de Jaucourt qui lit, dicte et écrit de treize à quatorze heures par jour, que « Dieu fit pour moudre des articles » et dont la physionomie s'allongera lamentablement quand on lui annoncera la fin de son travail, matelot désolé de toucher terre; Marmontel et Morellet, La Condamine et le président de Brosses, Quesnay le physiocrate qui porte trois fleurs de *pensée* dans son blason, Georges le Roy et Forbonnais. A chaque volume, devant le front de chaque nouveau régi-

ment, d'Alembert fait l'appel, n'oubliant personne,
depuis les savants qui se contentent de fournir des
notes jusqu'aux industriels et aux simples ouvriers
qui, eux aussi, groupés pour la première fois autour
d'une bannière philosophique, ont collaboré à
l'œuvre commune en démontant et remontant leurs
métiers sous les yeux de Diderot. Et voici Toussaint
l'avocat pour la jurisprudence, La Chapelle pour
les sciences élémentaires, Dumarsais pour la grammaire, Le Blond pour l'art militaire et la tactique,
de Vandenessé pour la médecine, Tarin pour l'anatomie, Louis pour la chirurgie, Bellin pour la marine,
d'Argenville pour l'hydraulique et le jardinage,
Malouin pour la chimie, Blondel pour l'architecture,
Landois pour les beaux-arts, Cahuzac pour la
technique théâtrale, Goussier qui dessine les planches, tous, artistes ou savants, ayant donné des
preuves d'habileté dans leurs genres, spécialistes
accomplis, « n'ayant été occupés, chacun, que de ce
qu'il entendait », recrutés avec un soin jaloux « pour
juger sainement de ce qu'ont écrit les anciens et les
modernes de leur sujet et pour y ajouter de leurs
propres fonds ». Et encore — car l'énumération se
pourrait continuer pendant des pages entières comme
celle des héros et des guerriers de l'Iliade, — le
père Jodin et le vieux docteur Falconet, le lieutenant général d'Hérouville et le fermier général
Dupin, Lemonnier et Papillon, Borrat et Pichard,
Miel et Bourgelat, Buisson et Prévost, Lenglet du
Fresnoy et Devienne, La Brassée et Fournier,

J.-B. Leroy et Donnet. L'armée enfin a jusqu'à ses
aumôniers, l'abbé Yvon, l'abbé Bernier et l'abbé
Mallet, assignés, par précaution, à la garde de la
métaphysique orthodoxe et de la théologie; jusqu'à
ses vivandières, les grandes dames et les coutu-
rières qui rédigent les articles sur les modes et la
toilette, et, pour tout dire, jusqu'à ses goujats dont
les articles, « bons pour le *Journal de Trévoux* »,
finiront par exaspérer Voltaire et par faire comparer
l'Encyclopédie, dans une boutade de d'Alembert, à
un habit d'arlequin où il y a nombre de morceaux
de bonne étoffe, mais aussi beaucoup de haillons.

Telle est cette légion bariolée et la voici enfin en
marche, vers le printemps de 1751, mais non sans
avoir eu à subir, au cours de sa mobilisation, un
premier accident. « L'impression était décidée, les
rôles distribués et les matériaux en grande partie
rassemblés », lorsque la publication de la *Lettre sur
les Aveugles*, au mois de juillet 1749, s'ajoutant à
des rancunes féminines [1], avait valu « au sieur
Diderot, accusé d'avoir écrit pour le déisme et
contre les mœurs », une villégiature forcée au
donjon de Vincennes. Les libraires aussitôt d'intervenir auprès de d'Argenson, « suppliant Sa Gran-

1. Mme de Vandeul a raconté l'anecdote dans ses mémoires
sur son père. « Une plaisanterie de Diderot ayant déplu à
Mme Dupré de Saint-Maur qui paraissait aimable à M. d'Argenson, alors ministre de la guerre, elle s'irrita », et, quelques jours après, le 24 juillet 1749, un commissaire, nommé
Rochebrune, était venu perquisitionner chez Diderot et le
conduire à Vincennes.

deur de vouloir bien se laisser toucher par l'em-
barras ruineux dans lequel les jette l'éloignement de
leur éditeur, et de leur accorder son retour à Paris
en faveur de l'impossibilité où il est de travailler
en prison ». Le ministre se trouva un peu honteux,
à la réflexion, d'avoir accordé l'incarcération du
philosophe à la vanité blessée d'une Salomé bour-
geoise ; Diderot, après avoir promis à M. de Malesherbes d' « être sage », avait repris ses travaux.

Tout en se cabrant contre l'iniquité, il avait compris pourtant l'avertissement ; rien que par les
noms de ses auteurs, l'Encyclopédie est déjà, avant
de naître, suspecte au pouvoir ou plutôt aux deux
pouvoirs, le trône et l'autel ; dès lors, si l'on veut
arriver au but et non se livrer à une manifestation
stérile, il va falloir s'imposer la plus sévère réserve.
Et nulle contrainte évidemment ne saurait peser
davantage à Diderot qui avoue lui-même « avoir
toujours eu la fureur de dire tout ce qu'il est de la
prudence de taire ». Mais s'il ne se résigne pas et
s'il ne prêche pas lui-même d'exemple, comment
vivre ? c'est encore la première condition pour pouvoir philosopher, et ne serait-ce pas trahir encore
les libraires qui ont engagé, avec quelques associés,
une si énorme fortune dans l'entreprise ? Diderot fait
donc à l'Encyclopédie le plus grand sacrifice qu'il
puisse faire, celui de Diderot. Vingt ans de suite, et
tous les jours pendant vingt ans, dès qu'il a touché
le seuil de son bureau, il congédie brusquement le
révolté qui est en lui. Il a reçu de la nature une voix

de tonnerre dont le roulement libre éveillerait les morts ; il l'étouffe et met lui-même la pédale sourde à sa musique.

Il ne se contente pas de se taire ; il se condamne à se mentir à lui-même. Il a écrit que « le premier pas vers la philosophie, c'est l'incrédulité » ; il enregistre maintenant les définitions et s'incline devant l'autorité de l'Église. Il est l'ennemi personnel de la religion chrétienne, qu'il appelle, dans ses lettres, avec une violence d'iconoclaste, « la plus absurde et la plus atroce dans ses dogmes, la plus funeste à la tranquillité publique, la plus dangereuse pour les souverains, la plus inintelligente et la plus gothique » ; mais il proclamera dans l'Encyclopédie, et d'Alembert professe avec lui que « seule la religion révélée peut nous instruire de notre existence présente ou future, de l'essence de l'Être auquel nous la devons et du genre de culte qu'il exige de nous ». Il n'y a jamais eu de déterministe plus ardent et il a écrit vingt fois que le mot de liberté est un mot vide de sens. « Nous ne sommes que ce qui convient à l'ordre général, à l'organisation, à l'éducation et à la chaîne des événements ; voilà ce qui dispose de nous invinciblement ; on ne conçoit non plus qu'un être agisse sans motifs qu'un des bras d'une balance agisse sans l'action d'un poids ; le motif nous est toujours extérieur, étranger, et ce qui nous trompe, c'est la prodigieuse variété de nos actions, jointe à l'habitude que nous avons prise tout en naissant de confondre le volontaire avec le libre [1]. » Mais, dans l'article *Liberté*, il déclarera, sans broncher, que « la pensée et la volonté ne sont ni ne peuvent être des qualités de la matière ; que prétendre, avec Spinoza (et avec lui-même), qu'il n'y a aucun motif qui dépend de nous, soit eu égard à sa production, soit eu égard à son énergie, c'est avancer une absurdité ; que la liberté brille dans tout son jour, soit qu'on la considère dans son esprit, soit qu'on l'examine par rapport à l'empire qu'elle exerce sur les corps ; et qu'enfin la ruine de la liberté renversant avec elle tout ordre et toute police, confondant le vice et la vertu, autorisant toute infamie monstrueuse, éteignant toute pudeur et tout remords, dégradant et défigurant sans ressource tout le genre humain, une doctrine si énorme ne doit point être examinée dans l'école, mais punie par le magistrat ». Et la honte assurément de ces crimes contre l'esprit retombe sur le régime qui les impose ; mais quelle misère pourtant et quelle pitié ! Il y a plusieurs façons de souffrir pour sa cause ; la plus courageuse, quoi qu'on pense, n'est pas toujours dans l'intransigeance des doctrines.

On ne saurait dire, puisque l'Encyclopédie a pu s'achever, que tant de sacrifices ont été inutiles. Ils faillirent l'être cependant et les heures où les philosophes purent croire qu'ils avaient renié leurs propres croyances en pure perte leur furent doublement

---

1. Lettre à Landois, 26 juin 1756. — Tout le traité de Schopenhauer sur le *libre arbitre* tient dans ces lignes.

cruelles. Diderot, en effet, a beau replier les grandes
ailes que lui avait données la nature, on devinait
partout les siennes. Ce génie essentiellement créateur a beau se contraindre à n'être que narrateur;
alors même qu'il raconte les évolutions de la philosophie au lieu d'exposer sa propre doctrine et
qu'il décrit le métier à tisser les bas au lieu de
proclamer son audacieuse sociologie, la flamme
révolutionnaire qu'il s'est efforcé d'éteindre jaillit
encore en mille étincelles et il n'y a pas jusqu'au
cynisme navrant de ses palinodies qui ne trahisse sa
révolte contre les dogmes patentés. Les philosophes
ne se proposent en apparence que de dresser un
inventaire complet de l'histoire et de la nature; ils
ne peuvent s'empêcher pourtant, même quand ils
s'en défendent, même sans le vouloir, de mettre à
chaque page, en regard de ce qui est, ce qui devrait
être — et cette comparaison seule est séditieuse. La
science est pour les encyclopédistes, même pour
les collaborateurs les plus humbles, l'explication
naturelle de la nature; par conséquent elle ne rend
pas assurément Dieu inutile, mais elle peut évidemment s'en passer et elle peut l'ignorer. Elle s'efforce
en vain d'être modeste et humble; elle n'en est pas
moins « l'ambition indomptable de l'esprit, l'investigatrice sans fin, l'impatience du mystère », et ce
n'est pas sa moindre beauté que tous ces despotismes politiques, sociaux ou religieux la tiennent
pour leur ennemie-née. « Les siècles, qui se racontent eux-mêmes », racontent surtout leurs erreurs,

leurs fautes, leurs crimes, leurs espérances brisées. Et c'est encore la condamnation du régime, c'est-à-dire encore et toujours la Révolution.

Aussi Diderot et d'Alembert ont beau rivaliser de circonspection et de diplomatie, dissimuler leurs ambitions et leurs négations, étaler partout, à chaque volume, sous les articles « dangereux », les signatures rassurantes de l'abbé Mallet, de l'abbé Yvon et de l'abbé La Chapelle : leur pensée intime n'en rayonne pas moins sur toute l'Encyclopédie et c'est une pensée de destruction. Confus de ses ruses et des basses précautions qu'il doit prendre, Diderot écrit à Voltaire : « Le temps fera distinguer ce que nous avons pensé de ce que nous avons écrit ». Le temps ne se fit pas attendre, et, tout de suite, le ministère, l'Église et les Jésuites distinguèrent sous ce qu'il écrivait ce qu'il pensait. Invinciblement, par la seule force des idées qui sont en elle, l'Encyclopédie est ainsi et dès le premier jour autre chose qu'un dictionnaire : elle est une faction, l'école de la grande démolition, le cheval de Troie introduit dans la vieille société. Et, par conséquent, c'est la guerre.

Le premier acte d'hostilité des autorités constituées suivit de près le premier volume de l'Encyclopédie. Dès qu'il parut, et, pour être exact, avant même qu'il fût sorti des presses, les Jésuites, avec leur perspicacité habituelle, avaient poussé un cri de fureur; M. de Mirepoix, qui était leur homme et « qui avait un grand crédit ecclésiastique sur l'esprit du roi », s'était mis aussitôt en campagne pour réclamer le retrait du privilège. On a vu que Diderot, en distribuant les postes de l'Encyclopédie, avait trouvé habile d'installer des abbés aux articles les plus difficiles de la théologie et de la métaphysique ; par une ironie habituelle au sort, ce fut l'un de ces paratonnerres qui alluma l'incendie. Comme M. de Malesherbes et Mme de Pompadour, qui avaient pris la défense des philosophes, croyaient avoir cause gagnée auprès de Louis XV, les Jésuites s'emparèrent de la thèse que l'abbé de Prades, qui était l'un des collaborateurs de l'Encyclopédie, venait de soutenir en Sorbonne avec l'approbation du syndic, la dénoncèrent à la faculté de théologie et, l'ayant fait condamner au feu par le parlement de Paris, attribuèrent à Diderot les hérésies de la *Jérusalem céleste*. Tout en soutenant contre Leibniz et Buffon la tradition littérale du déluge, l'abbé n'avait-il pas émis quelques doutes sur les trois chronologies qu'on trouve dans la Bible et qui, étant contradictoires, ne lui paraissaient pas avoir Moïse lui-même pour auteur ? L'affaire fut menée rondement ; la thèse ayant été censurée et brûlée les 28 et 29 janvier 1752 pendant que paraissait le second volume de l'Encyclopédie, un arrêt du conseil du 7 février suspendit le *Dictionnaire raisonné* comme « tendant à établir à la fois l'esprit de révolte et celui d'immoralité ».

Cette première campagne des Jésuites contre l'Encyclopédie avait eu ceci de particulier que les révérends pères tenaient surtout à hériter des philosophes qu'ils assassinaient. Les compilateurs du dictionnaire de Trévoux avaient à peine obtenu l'arrêt royal, qu'ils réclamèrent l'autorisation de continuer à leur profit l'Encyclopédie. L'idée n'était pas mauvaise, « bien qu'il fût moins facile d'enlever à Diderot sa tête et son génie que ses papiers [1] », mais elle avait été dévoilée trop vite, avec une impudence vraiment trop hâtive. Ce ne fut plus seulement l'opinion qui s'indigna; le roi se crut joué et Diderot fut engagé « à reprendre un ouvrage inutilement tenté par des gens qui depuis longtemps tiennent la dernière place dans la littérature ».

Nécessairement, ce ne fut qu'une trève. D'une part, encouragés par le succès, « si toutefois l'humiliation d'un tas d'ennemis aussi méprisables peut flatter des philosophes », Diderot et d'Alembert donnèrent à leur entreprise une impulsion plus vigoureuse; ce fut l'époque la plus brillante de l'Encyclopédie, celle où arrivaient de toutes parts les plus précieux concours, ceux « des vrais doctes quoique docteurs [2] », où les salons mirent la science investigatrice à la mode, où, à Versailles même, la marquise de Pompadour se targuait, comme de la plus flatteuse galanterie qui lui eût été faite, de ce compliment de Voltaire : « Elle est des nôtres ». Mais, d'autre part, la Société de Jésus préparait

1. Grimm, *Correspondance*, I, 81.
2. Voltaire, *Siècle de Louis XV*, p. 496.

patiemment sa revanche et travaillait à mettre dans
son jeu, non seulement l'Église de France, mais le
Parlement et, avec tout le parti dévot de la cour,
toute la canaille littéraire de la ville. A l'armée
de l'Encyclopédie, qui était celle de l'avenir, elle
opposa une autre armée, celle du passé, non moins
nombreuse et de plus en plus alarmée dans ses intérêts, et, en attendant d'avoir recours au bras sécu-
lier, engagea une guerre de plume où les ennemis
de la philosophie essayèrent et réussirent parfois
à retourner contre elle l'arme du ridicule. C'est
l'avocat Moreau qui jette à la tête des encyclopédistes le sobriquet sanglant de *Cacouacs*, les « mé-
chants ». C'est le convulsionnaire en disponibilité
Abraham Chaumeix qui les assomme des vingt pavés
énormes de la *Réfutation des auteurs impies*. C'est
l'abbé de Saint-Cyr avec le *Catéchisme des con-
sciences*. C'est Boyer, l'âne de Mirepoix, et le père
Berthier. C'est les deux Pompignan, l'évêque et
l'autre, l'académicien, celui qui « croit être quelque
chose ». C'est Palissot, que le roi Stanislas a chassé
honteusement de Nancy, mais que le ministère pro-
tège et défend contre ses adversaires à grands coups
de lettres de cachet. C'est Desfontaines et Fréron.
Et quand l'Encyclopédie, laborieusement arrivée à
travers tant de récifs à son septième volume et à son
quatrième millier de souscripteurs, essaye, dans un
magnifique effort, de se redresser contre les vents
déchaînés, c'est Rousseau enfin qui fait défection tout
à coup et passe avec armes et bagages à l'ennemi.

Il n'y a pas d'exemple, dans l'histoire de la philosophie, d'une pareille trahison. Les conversions à l'esprit religieux s'expliquent et n'ont pas besoin d'être justifiées; la foi entre dans les cœurs comme le doute dans les cerveaux. Ici rien de tel, rien que la jalousie et l'ingratitude. Rousseau ne devait à Diderot que la connaissance de son propre génie. Pendant sa captivité de Vincennes, c'était Diderot qui lui avait soufflé l'étincelante et paradoxale réponse à la question de l'académie de Dijon sur l'utilité des sciences. Non seulement il lui avait inspiré le fameux discours qui devait, du jour au lendemain, « porter tout par-dessus les nues »; mais il l'avait revu, corrigé, semé de traits de flamme et d'éloquence; depuis, pendant près de dix années, jamais la chaude amitié de Diderot n'avait été plus inépuisablement bienfaisante que pour Jean-Jacques. Et maintenant, au fort de la mêlée et du péril, alors que la coalition des Jésuites, des Parlements et de Fréron fait rage contre l'Encyclopédie, au lendemain de l'horrible déclaration royale de 1757 qui, vengeant sur les philosophes la piqûre d'épingle de Damiens, porte à chaque ligne la peine de mort contre les auteurs, éditeurs ou colporteurs d'écrits attentatoires à la religion, quand tous les tocsins sonnent à la fois, c'est ce moment précis que choisit Rousseau pour lancer, en réponse à l'article *Genève*, sa *Lettre à d'Alembert sur les spectacles*.

Que Diderot, dans la querelle de Mme d'Épinay et de Jean-Jacques, ait pris trop vivement, comme

il prenait toutes choses, le parti de son amie qui
n'avait, au surplus, d'autre tort que sa trop longue
bonté et sa charité pour un malade, cela est possible. Mais à quels autres sentiments, dans une
pareille heure, n'eût-il pas convenu d'imposer
silence? Au contraire, Rousseau jette dans la bataille
toute sa passion qui n'a peut-être jamais été plus
éloquente et plus séductrice. Sous le masque de
l'impartialité, il feint de tenir la balance égale entre
les deux partis qu'il compare l'un et l'autre « à des
loups enragés », dénonce l' « âme basse » de Voltaire,
flétrit la corruption des philosophes qui méditent
d'élever des théâtres dans les petites villes pures,
et proclame enfin qu' « on ne peut être vertueux sans
religion ». C'est la grande félonie du siècle. « Vous
n'ignorez pas, lui écrit Saint-Lambert qui parle visiblement au nom de Mme d'Houdetot, quelles persécutions essuie Diderot et vous allez mêler la voix d'un
ancien ami aux cris de l'envie; je ne puis vous dissimuler combien cette atrocité me révolte. » Diderot,
qui reçoit le coup en plein cœur, essaye, lui, de
douter encore, se précipite chez Rousseau, le sup-
plie au nom de sa propre gloire. En rentrant, acca-
blé de douleur, il écrit ce seul mot : « J'ai vu un
damné! » On a dit que c'était déjà un fou; ce qui
est certain, c'est que ce fou raisonnait à merveille
sa vengeance. Diderot n'a pas repassé sa porte que
Rousseau court diffamer les philosophes chez
Mme de Luxembourg. La belle-fille de la maréchale
était la princesse de Robecq, la maîtresse de Choi-

seul ; le 23 janvier, le procureur général Omer Joly
de Fleury déférait à l'assemblée des chambres réu-
nies au Palais la société encyclopédique, « formée
pour soutenir le matérialisme, détruire la religion,
inspirer l'indépendance et *nourrir la corruption des
mœurs* ».

D'Alembert, qui avait prévu le coup, ne l'avait
pas attendu. Dès le mois de janvier précédent, il
avait fait part à Voltaire de sa résolution d'abandonner l'Encyclopédie.

Oui, sans doute, écrivait-il, l'Encyclopédie est devenue
un ouvrage nécessaire et se perfectionne à mesure qu'elle
avance ; mais il est devenu impossible de l'achever dans le
maudit pays où nous sommes. Les brochures, les libelles,
tout cela n'est rien ; mais croiriez-vous que tel de ces libelles
a été imprimé par des ordres supérieurs dont M. de Malesherbes n'a pu empêcher l'exécution ? Croiriez-vous qu'une
satire atroce contre nous, qui se trouve dans une feuille
périodique, a été envoyée de Versailles à l'auteur avec ordre
de l'imprimer, et qu'après avoir résisté tant qu'il a pu,
jusqu'à s'exposer à perdre son gagne-pain, il a enfin imprimé
cette satire en l'adoucissant de son mieux ? Ce qui en reste,
après cet adoucissement fait par la discrétion du prêteur,
c'est que nous formons une secte qui a juré la ruine de toute
société, de tout gouvernement et de toute morale. Cela est
gaillard ; mais vous sentez que, si on imprime aujourd'hui de
pareilles choses par *ordre exprès* de ceux qui ont l'autorité
en main, ce n'est pas pour en rester là ; cela s'appelle *amas-
ser les fagots* au septième volume pour nous jeter dans le
feu au huitième.... Mon avis est donc qu'il faut laisser là
l'Encyclopédie et attendre un temps plus favorable (qui ne
viendra peut-être jamais) pour la continuer.

Ainsi tout se réunissait, à la fois, pour accabler
Diderot : l'assaut exaspéré de tous ses ennemis
coalisés, Jésuites et évêques, Parlement et Sor-

bonne ; la terreur du roi encore tremblant de l'atten-
tat de Damiens, la versatilité de Choiseul, la trahison
de Rousseau, le dégoût, pour ne pas dire la pusilla-
nimité de d'Alembert, le découragement de Voltaire
lui-même qui ne voyait d'autre parti à prendre que
de transporter l'Encyclopédie à Genève. Il tint bon
cependant et, restant seul à porter sur ses épaules,
« comme Atlas et comme Hercule », le poids de
ce monde nouveau qui était sa création, refusa de
tourner le dos sur la brèche. C'est l'heure de beaucoup la plus honorable de sa vie. Abandonner l'ouvrage, c'est ruiner les libraires qui ont eu confiance
en lui : il ne manquera pas à ses engagements ; c'est
« faire ce que désirent les coquins » qui le persé-
cutent : il ne leur donnera pas cette satisfaction. La
belle humeur ne lui fait défaut à aucun moment de
la tourmente ; il ne désespère pas une minute de
reprendre le dessus. Tour à tour il plaide et négocie.
Quand le Parlement, sur le réquisitoire d'Omer,
condamne l'Encyclopédie, « non seulement sans
aucun examen, mais sans en avoir lu une page », il
se pourvoit devant le chancelier, exposant que ledit
Parlement n'a le droit ni de réformer les priviléges
accordés par le roi ni de nommer une commission
pour décider si les sept volumes imprimés doivent ou
non être brûlés sur place de Grève. Quand le chancelier de Lamoignon, sous la pression des Jésuites,
révoque les lettres de privilège [1], « vu que l'avan-

---

1. 8 mars 1759.

tage qu'on pourrait retirer de l'Encyclopédie pour le
progrès des sciences et des arts ne saurait balancer
le tort irréparable qui résulte d'un tel ouvrage pour
les mœurs et pour la religion », il en appelle au
conseil d'État dans l'intérêt des libraires. Quand un
nouvel arrêt, rendu le roi étant en son conseil et
de l'avis du chancelier, et signé encore Phélypeaux,
« ordonne aux libraires de restituer la somme de
soixante-douze livres à chacun de ceux qui ont
souscrit d'avance pour le dictionnaire », il promet
à Le Breton que pas un liard ne lui sera réclamé et
le décide à préparer dans le secret, pour les lancer
ensuite à la fois, les dix derniers volumes de texte
et la collection complète des planches. Le nouveau
traité qu'il signe avec les libraires n'a plus rien
d'avantageux pour lui : « C'est celui du diable et du
paysan de La Fontaine ; les feuilles sont pour moi,
le grain est pour eux » ; mais au moins ces feuilles
lui sont assurées. Il s'est juré d'achever l'Encyclopédie à Paris ; il se tiendra parole, repousse
obstinément les propositions du roi de Prusse
et de l'impératrice de Russie qui lui offrent de
transporter son entreprise à Pétersbourg ou à
Berlin.

Sans vouloir diminuer le mérite de Diderot dans
cette crise, il convient pourtant de ne pas la prendre
trop au tragique. En fait, l'Encyclopédie ne fut
supprimée qu'officiellement, pour la galerie, et la
révocation du privilège n'en arrêta pas le travail
pour plus de six mois. Dès l'automne de 1759, au

moment même où le pape Clément XIII lançait son
bref d'excommunication, les presses de Le Breton
avaient recommencé à marcher; l'ouvrage entier,
moins les onze volumes de planches qui ne furent
complétés qu'en 1772, pourra être achevé en moins
de six ans. Choiseul, en effet, s'il n'aimait pas les
encyclopédistes, aimait encore moins les Jésuites et,
s'il voulait bien donner au clergé des satisfactions
apparentes, n'était point disposé à laisser le champ
libre aux *grenadiers de la foi*. Sartine, d'ailleurs,
et surtout Malesherbes n'avaient pas cessé d'être
favorables à Diderot. Quand le conseil avait ordonné
au directeur de la librairie de saisir tous les papiers
de l'Encyclopédie, Malesherbes avait fait prévenir
secrètement Diderot, et comme le philosophe avait
observé qu'il ne pourrait pas les déménager en vingt-
quatre heures chez des amis : « Envoyez-les tous
chez moi, avait été la réponse, l'on ne viendra pas
les y chercher! » La bourrasque passée, la police fut
invitée à fermer les yeux sur la reprise clandestine
de l'entreprise, et l'impression put continuer comme
si de rien n'était. Ce gouvernement de Louis XV
était brutal et lâche, mais il n'était pas moins incon-
séquent; l'habileté de Diderot consista précisément
à escompter ses sautes de vent. « L'état d'homme
de lettres étant à Paris immédiatement au-dessus de
celui d'un bateleur », Voltaire avait jugé qu' « il vaut
mieux bâtir un beau château, y jouer la comédie et
y faire bonne chère que d'être levraudé à Paris par
les gens tenant la cour du parlement et par les gens

tenant l'écurie de la Sorbonne [1] ». Et le « sublime,
honnête et cher antéchrist » raisonnait fort bien,
mais seulement comme philosophe ; Diderot, lui,
agissait en politique. Tout volcanique qu'il fût, il
savait ruser avec les évènements et jouer avec les
hommes ; il savait surtout qu'à donner sa démission,
même avec un geste superbe de mépris, l'on ne fait
les affaires que de ses ennemis. Il continua donc à
lutter, négociant et bataillant à la fois, criant depuis
le matin jusqu'au soir, las des tracasseries, mais
toujours prêt à leur faire face, excitant les traînards,
découvrant de nouvelles recrues, multipliant sa
propre collaboration, faisant tout ensemble le métier
de directeur, de rédacteur, de reviseur et de prote,
se demandant plus d'une fois « s'il y a grande différence entre le philosophe et le joueur de flûte »,
mais toujours repris bien vite par l'action et se
persuadant qu'il faut « travailler et être utile aux
hommes ». Ses meilleurs articles sont de cette époque,
la très belle série sur Leibniz, Platon, Pythagore
et Spinoza, vingt autres tableaux détachés qui font
de lui le véritable initiateur de l'histoire de la philosophie, les fragments politiques (notamment l'article *Représentant*) où il esquisse d'une main si ferme
le plan d'un gouvernement parlementaire, les morceaux célèbres sur la *jouissance* et les *sensations*. La
cabale, d'autre part, est repartie en guerre avec une
nouvelle violence ; elle multiplie les pamphlets et les

---

1. *Mémoires*, 91.

libelles ; Fréron ne tarit plus ; Palissot traîne les *Philosophes* jusque sur la scène de Molière. Mais la fureur même de cette nouvelle campagne va contribuer à retourner les pouvoirs publics ; bientôt Choiseul déclare la guerre aux Jésuites, et, moins de trois ans après la révocation du privilège de l'Encyclopédie, le parlement de Paris prononce la dissolution de la société *se disant de Jésus*, la proclame déchue de sa première admission, enjoint à ses membres de vider leurs maisons et collèges sous huitaine. L'Encyclopédie n'était pas seulement vengée, mais, de persécutée, elle devenait, sinon l'inspiratrice, du moins l'alliée du pouvoir. La patience de Diderot, cette fidélité à son œuvre, meilleure, a-t-on pu dire, que l'œuvre elle-même, était récompensée avec éclat. Son monument s'achevait et ses ennemis étaient chassés.

Une dernière amertume lui était cependant réservée. Au moment même où le gouvernement se relâchait de ses sévérités, l'imprimeur Le Breton, crainte d'être inquiété, s'était érigé lui-même en censeur de l'Encyclopédie et, après le *bon à tirer* de Diderot, s'était livré en secret à une véritable mutilation de ses articles, supprimant, modifiant, rognant, tronquant d'une main imbécile toutes les idées un peu hardies qui l'effrayaient. Ayant eu à rechercher quelque chose dans l'un de ses articles déjà tirés, Diderot découvrit la trahison ; il pensa en tomber malade et entra dans une furieuse colère. Il voulut même se retirer :

Vous m'avez lâchement trompé deux ans de suite, écrit-il à Le Breton; vous avez massacré ou fait massacrer par une bête brute le travail de vingt honnêtes gens qui vous ont consacré leur temps, leurs talents et leurs veilles gratuitement, par amour du bien et de la vérité, et sur le seul espoir de voir paraître leurs idées. C'est une atrocité dont il n'y a pas d'exemple depuis l'origine de la librairie. J'en ai perdu le boire, le manger et le sommeil; j'en ai pleuré de rage en votre présence; j'en ai pleuré de douleur chez moi.... Et voilà donc ce qui résulte de vingt-cinq ans de travaux, de peines, de dépenses, de dangers, de mortifications de toute espèce! Un inepte, un ostrogoth détruit tout en un moment et il se trouve à la fin que le plus grand dommage que nous ayons souffert, que le mépris, la honte, le discrédit, la ruine, la risée nous viennent du principal propriétaire de la chose! Quand on est sans énergie, sans vertu, sans courage, il faut se rendre justice, et laisser à d'autres les entreprises périlleuses. Votre femme n'eût jamais fait comme vous [1].

Mais Briasson, l'associé, et sans doute Mme Le Breton intervinrent; Diderot reprit une dernière fois le collier, posant seulement comme condition qu' « il irait chez Le Breton sans l'apercevoir et que ledit libraire l'obligerait de ne pas l'apercevoir davantage ».

Les dix derniers volumes parurent en 1765, mais ne purent être distribués d'abord qu'en cachette et seulement aux personnes agréées par le lieutenant de police. Ils portaient, comme lieu de provenance, l'indication : *Neufchâtel*, et étaient censés venir de cette petite ville.

Voltaire a raconté, ou peut-être inventé, une jolie

____

[1]. 12 novembre 1764.

anecdote où l'on voit quelles nouveautés firent au XVIIIe siècle le succès de l'Encyclopédie :

Un domestique de Louis XV me contait qu'un jour, le roi, son maître, soupant à Trianon en petite compagnie, la conversation roula d'abord sur la chasse, ensuite sur la poudre à tirer. Quelqu'un dit que la meilleure poudre se faisait avec des parties égales de salpêtre, de soufre, de fer et de charbon. Le duc de la Vallière, mieux instruit, soutint que, pour faire de bonne poudre à canon, il fallait une seule partie de soufre et une de charbon sur cinq parties de salpêtre bien filtré, bien évaporé, bien cristallisé.

« Il est plaisant, dit M. le duc de Nivernois, que nous nous amusions tous les jours à tuer des perdrix dans le parc de Versailles, et quelquefois à tuer des hommes et à nous faire tuer à la frontière, sans savoir précisément avec quoi l'on tue.

— Hélas ! nous en sommes réduits là sur toutes les choses de ce monde, répondit Mme de Pompadour ; je ne sais de quoi est composé le rouge que je mets sur mes joues, et on m'embarrasserait fort si on me demandait comment on fait les bas de soie dont je suis chaussée.

— C'est dommage, dit alors le duc de la Vallière, que Sa Majesté ait confisqué notre Dictionnaire encyclopédique, qui nous a coûté à chacun cent pistoles ; nous y trouverions bientôt la décision de toutes nos questions. »

Le roi chercha à justifier sa confiscation en lui donnant le caractère d'une suspension : il avait été averti que ces gros volumes in-folio, qu'on trouvait sur la toilette de toutes les dames, étaient la chose du monde la plus dangereuse pour le royaume de France, et il avait voulu savoir par lui-même si le fait était vrai, avant de permettre qu'on lût ce livre. Il envoya, sur la fin du souper, chercher un exemplaire par trois garçons de la chambre, qui l'apportèrent avec bien de la peine. On vit à l'article *Poudre* que le duc de la Vallière avait raison ; et bientôt Mme de Pompadour apprit la différence entre l'ancien rouge d'Espagne dont les dames de Madrid coloraient leurs joues, et le rouge des dames de Paris. Elle sut que les dames grecques et romaines étaient peintes avec de la poudre qui sortait du *murex*, et que, par conséquent, notre écarlate était la pourpre des anciens ; qu'il entrait plus de safran dans le rouge d'Espagne et plus de cochenille dans celui de France. Elle vit comment on lui faisait ses bas au métier, et la machine de cette manœuvre la saisit d'étonnement.

« Ah! le beau livre! s'écria-t-elle. Sire, vous avez donc confisqué ce magasin de toutes les choses utiles, pour le posséder seul et pour être le seul savant de votre royaume. »

Chacun se jetait sur les volumes, comme les filles de Lycomède sur les bijoux d'Ulysse; chacun y trouvait à l'instant tout ce qu'il cherchait. Ceux qui avaient des procès étaient surpris d'y trouver la décision de leurs affaires. Le roi y lut tous les droits de la couronne.

« Mais vraiment, dit-il, je ne sais pourquoi on m'avait dit tant de mal de ce livre.

— Eh! ne voyez-vous pas, sire, lui dit le duc de Nivernois, que c'est parce qu'il est fort bon? On ne se déchaîne contre le médiocre et le plat en aucun genre. Si les femmes cherchent à donner du ridicule à une nouvelle venue, il est sûr qu'elle est plus jolie qu'elles. »

Pendant ce temps, on feuilletait, et le comte de Coigny dit tout haut :

« Sire, vous êtes trop heureux qu'il se soit trouvé sous votre règne des hommes capables de connaître tous les arts et de les transmettre à la postérité. Tout est ici ; depuis la manière de faire une épingle jusqu'à celle de fondre et de pointer vos canons; depuis l'infiniment petit jusqu'à l'infiniment grand. Remerciez Dieu d'avoir fait naître dans votre royaume ceux qui ont servi ainsi l'univers entier. Il faut que les autres peuples achètent l'Encyclopédie ou qu'ils la contrefassent. Prenez tout mon bien, si vous voulez, mais rendez-moi mon Encyclopédie.

— On dit pourtant, repartit le roi, qu'il y a bien des fautes dans cet ouvrage si nécessaire et si admirable.

— Sire, reprit le comte de Coigny, il y avait à votre souper deux ragoûts manqués: nous n'en avons pas mangé, et nous avons fait très bonne chère. Auriez-vous voulu qu'on jetât tout le souper par la fenêtre, à cause de ces deux ragoûts? »

Il y a peut-être, dans l'Encyclopédie, plus de deux articles manqués, mais Mme de Pompadour n'avait pas moins trouvé la juste formule : c'est comme « magasin de toutes les choses utiles » que

le dictionnaire des sciences et des arts réussissait
auprès du public; c'était la première fois qu'on lui
présentait un répertoire de toutes les connaissances
humaines; chacun, après l'avoir feuilleté, se croyait
le plus savant homme du royaume. Et ce mérite,
sans doute, est réel; bien que l'œuvre de tant de
mains soit fort inégale, que nombre de questions
soient faiblement traitées et que l'ensemble de l'ouvrage, à part deux ou trois douzaines d'articles,
n'offre plus qu'un intérêt historique, l'Encyclopédie
de Diderot reste, même aujourd'hui, le modèle et le
prototype de tous les ouvrages du genre. Pourtant
le véritable mérite des encyclopédistes, leur titre
de gloire devant la postérité n'est pas là : il est
dans le branle qu'ils ont donné à leur siècle et, par
lui, à l'humanité elle-même.

Monument plus vaste que grand, chef-d'œuvre
avorté, monstre sans proportions, Évangile selon
Satan, Babel vite écroulée, que n'a-t-on dit de l'Encyclopédie et, parfois, avec raison? Diderot d'ailleurs
avait pris les devants sur toutes les critiques et personne, dans l'article *Encyclopédie*, n'a parlé avec plus
de sévérité de son œuvre, même avant la défection
de d'Alembert et l'affreuse mutilation des libraires.
« Ici, écrit-il, nous sommes boursouflés et d'un
volume exorbitant; là, maigres, petits, mesquins,
secs et décharnés. Dans un endroit, nous ressem-
blons à des squelettes; dans un autre, nous avons
l'air hydropique. Nous sommes alternativement nains
et géants, colosses et pygmées; droits, bien faits et

proportionnés ; bossus, boiteux et contrefaits.... »
Et tout cela est exact ; et évidemment le monument
s'est vite effondré, à peine quelques pans de mu-
railles et quelques colonnes restent debout, l'herbe
couvre depuis un siècle les mille pierres émiettées
qui jonchent le sol ; mais l'âme encyclopédique a
survécu à l'Encyclopédie. L'esprit qui animait cet
édifice d'un jour n'a pas cessé de souffler sur le
monde, et partout où il a passé, il a vivifié tout ce
qui mérite de vivre.

Cet esprit, quel est-il ? Tout simplement celui de
la liberté. Non pas, sans doute, qu'il se soit révélé
d'abord dans toute sa force ; il n'est au début que
le vieux scepticisme philosophique, peu différent
de celui de Montaigne ou de Bayle, curieux de
vérité et déjà impatient de tout dogme imposé,
négatif surtout et plus railleur que créateur. Mais
les obstacles mêmes qu'il rencontre et les résis-
tances qui lui sont opposées, non seulement lui
révèlent bientôt toute sa puissance, mais surtout
développent avec une rapidité qui tient du prodige
tout ce qui est naturellement en lui. L'esprit de
libre examen ne s'était appliqué jusqu'alors, à ses
rares éveils et à de longs intervalles, qu'à un petit
nombre de croyances ou de préjugés ; il soufflait
sur la métaphysique, s'arrêtait devant la théologie,
ignorait le reste. Cette fois, au contraire, et pour
la première fois, la conception même de l'œuvre
encyclopédique veut que, s'élevant toujours plus
haut, il emplisse l'atmosphère tout entière. La loi

pesante du monde avait été depuis des siècles le
respect des autorités et des traditions que la force
avait établies ; nul n'avait l'audace de leur demander
si elles étaient conformes à la justice ou seulement
au bien général : elles existaient, cela suffisait, et
tout pliait et s'inclinait devant elles. Or, maintenant,
ce qui se dresse, à la place du respect aveugle et
muet, c'est la raison ; et cette raison qui s'éveille
interroge tout ce qui existe. Que demande-t-elle ?
En apparence peu de chose. Rien que de savoir et
de se rendre compte. Mais par cela seul qu'elle
prend le droit d'analyser toute chose et de porter
son investigation sur la société tout entière et sur
toute la nature, du même coup elle s'est proclamée
souveraine, et tout ce qui ne pourra supporter son
examen va se trouver frappé de mort. Du moment
que la raison insurgée ne se reconnaît plus de
maître, le charme est rompu à la fois de toutes les
traditions. La pensée, esclave hier, est devenue
libre ; peu importe que, momentanément, elle seule
soit libre ; cette liberté est déjà le levier qui soulè-
vera le vieux monde. La raison, par cela seul encore
qu'elle est la raison, est l'auxiliaire nécessaire de la
justice, de la tolérance et de l'humanité ; donc, rien
qu'en montrant ce qu'il y a d'iniquité, d'oppression
et de cruauté dans les institutions du passé, elle les
condamne, les dépouille de leur prestige, les voue
aux destructions immanentes. Elle proclame le droit
pour les esprits de ne rien admettre que ce que
peut accepter le libre examen ; le reste viendra par

surcroît; la conséquence nécessaire, inéluctable de
l'Encyclopédie qui émancipe les esprits, c'est la
Révolution qui affranchira les corps.

On a essayé [1] d'opposer aux Actes des apôtres
chrétiens, sur qui le monde reposait depuis dix-huit
siècles, les Actes des philosophes français. Rien de
plus superficiel, partant de plus injuste, que de faire
de l'œuvre encyclopédique un simple canon anti-
chrétien. Les philosophes, il est certain, étaient
anticatholiques et, dans l'ardeur de la bataille, con-
fondaient le plus souvent la religion officielle et
toute politique qui les opprimait, avec le christianisme dont elle n'était que la contrefaçon. S'ils faisaient dire la messe par une demi-douzaine d'abbés
dans les bureaux de l'Encyclopédie, ce n'était que
contraints et forcés; rien qu'à leur attitude, il était
visible que l'esprit encyclopédique protestait contre
cette comédie; tous les autres écrits des philosophes, leurs moindres propos, respiraient la haine
de l'*infâme*. Cette haine cependant, pour vigoureuse
qu'elle soit, implique-t-elle une absolue incompati-
bilité entre les doctrines générales du christianisme
et celles des encyclopédistes? La contradiction, ici
encore, n'est qu'apparente. Dans ce XVIIIe siècle où
les princes de l'Église s'appelaient le cardinal Dubois
et le cardinal de Fleury, où La Barre mourait sur
le bûcher et Calas sur la roue, si les philosophes
s'insurgeaient, c'était, en effet, eux aussi, contre un

1. Carlyle, *Essais*, t. II, p. 415.

fanatisme stupide, contre des pharisiens, contre
une religion d'État qui ne ressemblait pas davantage à l'Évangile que jadis le cléricalisme de la
Jérusalem romaine à la morale des prophètes. Les
principes éternels qui font la beauté de la morale
évangélique, non seulement les philosophes ne les
condamnent pas, mais leur crime est précisément de
les revendiquer soit qu'ils opposent la tolérance à
l'oppression, soit qu'ils rappellent aux puissances
consacrées les droits des humbles et des petits.
Seulement, la différence essentielle est là, ils ne se
résignent point. Ils ne contestent point qu'il faut
rendre à César ce qui est à César. Mais ils demandent à quoi César a réellement droit. La Révolution
est, tout entière, dans cette question.

Le rationalisme, c'est-à-dire le libre emploi de la
raison et du raisonnement dans l'étude de tous les
problèmes, tel est donc le caractère dominant de
l'école encyclopédique. Elle ne dit point que la
raison soit infaillible ; mais elle tient que la faiblesse
de la raison ne peut être constatée que par la raison
elle-même, et refuse en conséquence d'admettre
d'autre principe de la connaissance. Dans le domaine
de la religion, l'esprit encyclopédique oppose ainsi,
par cela seul qu'il est l'esprit de liberté, la raison,
toute débile qu'elle puisse être, à la révélation qui
est l'abdication de la raison, et, dans le domaine
politique ou social, la raison, encore et toujours,
à la tradition. Tant pis pour les religions ou pour
ces parties de la religion qui reposent exclusivement

sur la révélation; tant pis pour les régimes politiques et les organisations sociales qui n'ont plus d'autres assises que la tradition. La raison, évidemment, sera forcée souvent de convenir qu'elle ignore et qu'elle ignorera longtemps, même qu'elle ignorera toujours; mais elle a le droit de se dire capable de certitude et de vérité. Où la lumière abonde, elle affirme; où la lumière s'affaiblit, elle cherche; où la lumière s'éteint, elle attend. Mais, comme elle a le droit de ne croire que ce qui est démontré par elle, le rationalisme encyclopédique se trouve être à la fois le scepticisme, c'est-à-dire un doute systématique et universel, aussi précis que la science, aussi vaste que l'esprit humain, et le positivisme, c'est-à-dire la limitation de la croyance à ce qui a été établi par les faits et par l'expérience. Tout l'esprit encyclopédique est là : dans quelque ordre d'idées que ce soit, il est l'ennemi naturel et violemment déclaré du dogmatisme; qu'il s'agisse du trône ou de l'autel, de la religion ou de la métaphysique, il est essentiellement critique, il repousse toute règle qui n'est pas fondée sur la raison, il fait profession de tout examiner. Il ne nie pas systématiquement : nier n'est pas douter; mais il doute tant que son jugement ne s'est point assis sur des preuves positives, ce qui ne veut pas dire, du moins exclusivement, matérielles. Et, dès lors, par la force même des choses, l'esprit encyclopédique s'attaque à toutes les tyrannies, qu'elles soient politiques ou qu'elles soient religieuses, et tous les despotismes

le redoutent, le dénoncent et s'acharneront éternellement contre lui.

Il ne serait ni juste ni vrai de dire que les encyclopédistes ont inventé la lumière, comme Promé-
thée avait inventé le feu ; nous savons quelles mains
pieuses se sont transmises de siècle en siècle l'étincelle sacrée. Mais ils ont soufflé sur l'étincelle, et
cette étincelle est devenue la grande flamme qui
éclaire l'humanité et ne s'éteindra plus qu'avec elle.

CHAPITRE III

ROMANS ET SATIRES

Le fameux *habent sua fata libelli* n'a jamais été
plus vrai que des ouvrages de Diderot. L'Encyclopédie s'est perdue dans la Révolution, et c'est à
peine si l'on peut lire encore une centaine de pages
des livres qu'il a publiés de son vivant. Au contraire,
les manuscrits qu'il avait laissés dormir dans ses
tiroirs ou qui circulaient timidement dans le monde
en de rares copies souvent incorrectes, tout ce qu'il
avait cru jeter aux vents ou qu'il avait caché dans
l'hypogée de son cabinet, tout cela s'est réveillé
successivement d'une vie intense, et ce qui fait
aujourd'hui la gloire du philosophe a été inconnu
ou peu s'en faut de son siècle. Le Rhône qui, après
s'être étalé dans le bassin immense du Léman, disparaît sous terre au village de Coupy pour s'élancer
à nouveau un peu plus loin vers la lumière et devenir
un fleuve, c'est l'image même de cette renommée

littéraire. Le XVIIIe siècle n'a connu de Diderot que la plus petite partie de son cours, au sortir de sa source, et le lac encyclopédique qu'il a formé avec de multiples collaborations ; les romans, dialogues et lettres, qui ont justifié sa gloire, n'ont paru au soleil que de nos jours. Imaginez tel cataclysme ou seulement tels incidents vulgaires où auraient disparu le manuscrit de la *Religieuse* et celui de *Jacques le Fataliste*, le *Neveu de Rameau* et le *Paradoxe sur le comédien*, les lettres à Mlle Volland et celles à Falconet, les Salons et le *Rêve de d'Alembert*, et cherchez quelle idée, n'ayant pas entendu le monstre lui-même et n'ayant l'écho affaibli que de ses paroles officielles, nous nous ferions aujourd'hui de Diderot. C'est à peine si les plus clairvoyants le devineraient, comme font les astronomes ou les mathématiciens pour l'une de ces forces de la nature ou du monde cosmique dont l'existence ne se révèle à nous que par son action sur d'autres corps. Nous pourrions calculer, comme Le Verrier pour Neptune, la puissance des effets. Mais la cause même ne nous apparaîtrait que voilée de nuages et d'obscurités. Les contemporains, sauf de rares exceptions, n'ont vu que l'homme ; nous avons risqué de n'avoir qu'un nom.

Il n'y a peut-être pas, dans l'histoire d'aucune littérature, de phénomène plus étrange : Diderot a rempli son siècle du bruit de ses batailles, et presque tous ses chefs-d'œuvre n'ont été imprimés que long-temps après sa mort. La *Religieuse*, où de graves

commentateurs signalent naïvement l'origine des
décrets de l'Assemblée nationale sur les ordres
monastiques, ne fut publiée que l'an V de la République (1796), trente-six ans après que Diderot
avait achevé de l'écrire à la Chevrette. Le *Rêve de
d'Alembert*, écrit en 1769, reste manuscrit plus d'un
demi-siècle. Le *Supplément au Voyage de Bougainville*, composé en 1772, n'a été publié que douze ans
après la mort de Diderot. La *réfutation du livre
d'Helvétius intitulé l'Homme* est demeurée inédite jusqu'en 1875. Il ne fallut rien de moins que la chute
de la monarchie et l'avènement de la République
pour tirer les *Essais sur la peinture* de l'armoire de
fer de Louis XVI, et la révélation des *Salons* s'éche-
lonne lentement de 1798 à 1857, de Naigeon à Wal-
ferdin. Le *Paradoxe sur le comédien* a vu le jour en
1830 avec les lettres à Sophie Volland, et les lettres
à Falconet n'ont paru que l'année suivante. Enfin,
Jacques le Fataliste et le *Neveu de Rameau* ont été
publiés en Allemagne avant de l'être en France :
Jacques par Schiller qui traduisit, en 1785, pour le
journal *Thalie* l'épisode de Mme de la Pommeraye,
et par Mylius qui le traduisit tout entier en 1792,
quatre ans avant que le prince Henri de Prusse
en donnât le manuscrit à l'Institut réorganisé ; le
Neveu de Rameau par Gœthe qui tenait le manuscrit
de Schiller, le traduisit « avec toute son âme » et le
fit paraître sans succès à Leipzig, chez l'éditeur
Gœschen, quarante-trois ans après la composition
de l'admirable dialogue et seize ans encore avant la

première édition française — qui ne fut d'ailleurs qu'une traduction *rétrospective* de la traduction allemande par deux jeunes gens sans scrupule [1]. Si vous ajoutez que nous ignorons de qui le libraire Buisson reçut le manuscrit de la *Religieuse*, comment celui du *Neveu* se trouva en 1804 entre les mains de Schiller, où M. de Dalberg avait découvert celui de *Jacques*, et que nous ne possédons qu'une copie du *Paradoxe*, vous mesurerez ici encore la part de « Sa sacrée Majesté le Hasard », comme l'appelait Frédéric le Grand qui s'y connaissait. Un caprice de plus de « Sa Majesté » et nous ne connaissions de Diderot homme de théâtre que ses comédies, et Diderot romancier que par les *Bijoux indiscrets*.

Maintenant, pour expliquer qu'une pareille somme de travail, de talent et de gloire ait pu être jouée ainsi aux dés, suffit-il d'alléguer une fois de plus avec quelle générosité le philosophe laissa mettre sa vie au pillage, donnant ses manuscrits aussi facilement que ses idées? Outre que ses romans, et même ses dialogues, ne sont, sauf *Rameau*, que des ébauches, fort poussées sans doute, mais loin encore, malgré une ou deux revisions, d'être prêtes pour le cadre, peut-être faudrait-il ajouter que si Diderot laissa inédites ses œuvres maîtresses et très

1. MM. de Saint-Maur et de Saint-Geniès avaient donné leur traduction comme le texte original; ils s'obstinèrent dans leur mensonge jusqu'à ce que Brière publiât, en 1823, le véritable texte original qu'il tenait de la marquise de Vandeul, et que Gœthe, sollicité d'intervenir, eût démasqué l'imposture des deux associés.

certainement préférées, c'est tout simplement qu'il
avait peur de la Bastille et qu'il avait raison d'en
avoir peur? Quand on se rappelle pour quelles
causes l'Encyclopédie, toute prudente et orthodoxe
qu'on s'efforçait de la faire, a été par deux fois supprimée et interdite, il n'est pas besoin de chercher
longtemps où le *Neveu* et la *Religieuse* auraient conduit Diderot. Or Diderot avait besoin d'air — il
avait déjà étouffé à Vincennes; qu'eût-ce été à la Bastille? — mais il avait pris encore avec ses éditeurs et
avec lui-même l'engagement d'honneur de ne rien
épargner pour mener l'Encyclopédie à bon port. Si
quelque jeune homme, après avoir lu les lettres de
sœur Suzanne, avait été mettre le feu au premier
couvent de nonnes, le dictionnaire tout entier flam-
bait aussi du même coup. Il fallait donc ajourner
tous ces brandons d'incendie et, bon gré, mal gré,
après s'être épuisé à le réfuter en théorie, donner
raison en pratique à ce précepte sage de Falconet
qu'« un philosophe pendu n'est plus bon à rien; s'il
se conserve, s'il travaille, il est utile ». Quitte à en
appeler bruyamment à « la sainte et sacrée postérité
qui est juste, qu'on ne corrompt point et qui traîne
le tyran », Diderot se conserva, en conservant ses
manuscrits dans ses tiroirs, et il fit bien, même dans
l'intérêt de ses manuscrits. La postérité a été sensible, en effet, à cette confiance qu'il plaçait en elle,
et l'a récompensé au centuple de sa longue attente.
Sa gloire, retardée d'un demi-siècle, n'a pas été seulement plus jeune, mais, par manière de compensa-

tion, plus brillante. Il avait joui avec délices du pressentiment de l'avenir; l'avenir a dépassé ses plus
joyeuses espérances; ce devint un crime de ne pas
l'admirer comme il voulait lui-même qu'on admirât
Rubens et Homère, avec la défense de « relever des
guenilles dans un chef-d'œuvre ». Et peut-être
même serait-il temps d'y prendre garde, car il y a
des guenilles, même dans les romans et les dialologues qui ont fait le plus pour sa gloire contemporaine, et il serait prudent, ne fut-ce que par crainte
des réactions, de faire largement la part du feu.

Si l'on entend par roman, comme le voulait Huet,
« des histoires feintes d'aventures amoureuses,
écrites en prose avec art pour le plaisir et l'amusement des lecteurs », seule, dans l'œuvre de Diderot,
la *Religieuse* mérite ce titre. Le *Neveu de Rameau*
porte, en effet, le sous-titre de satire; *Jacques le
Fataliste* n'appartient à aucun genre classé ni même
classable, et quant au seul de ses ouvrages de fantaisie qu'il ait publié de son vivant, le mieux est de
n'en rien dire. Diderot qualifiait lui-même les *Bijoux
indiscrets* de « sottise » et de « cloaque »; ajouterai-je
seulement que cette série de contes obscènes est,
après les mémoires de Sully, le livre le plus ennuyeux
que je connaisse?

Aussi bien, au roman comme au théâtre, l'imagination créatrice lui fait totalement défaut et la fiction
ténue qui lui sert de trame n'est-elle, sauf des exceptions très rares, qu'un prétexte à théories, à analyses et, naturellement, à déclamations. Il reste

ainsi, dans ce roman anti-romanesque, l'homme de
son métier : philosophe et surtout, jusque dans ses
pages les plus immorales, moraliste. Point d'invention, par conséquent point de composition; mais
seulement un cadre assez large pour y faire entrer
tout ce dont il est pressé de débarrasser son cerveau. La forme du dialogue qu'il affectionne et où
il excelle le sert à merveille. Qu'il fasse écrire la
Religieuse au marquis de Croismare ou causer
interminablement Jacques avec son maître, c'est
donc toujours lui qui est en scène et toujours à
l'affût du prétexte qui lui permettra de greffer sur le
moindre incident du récit ou de la conversation la
digression qui bouillonne en lui et le tourmente. Les
qualités les plus fortes et les plus brillantes de son
esprit se donnent enfin libre carrière, et, à côté
d'elles, celles de son cœur qui valait mieux encore,
la bienveillance, la bonté, une pitié pour les souffrances et pour les misères qui, certes, n'était pas
unique dans le siècle de Voltaire, mais dont le ton a
chez lui quelque chose de réchauffant qu'on ne retrouve pas ailleurs.

Évidemment, ces idées, dont il ne tient pas les
rênes et qui ont toujours le mors aux dents, l'entraînent trop souvent où il ferait mieux de ne pas
aller, tantôt dans les broussailles d'une métaphysique obscure, tantôt dans le bourbier de la gravelure. Mais quelque impatience qu'on éprouve à ces
parenthèses énormes, le mouvement qui emporte
l'auteur est si vif et si rapide, la succession ininter-

rompue d'idées et d'images qu'il évoque est si éclatante de coloris, le style surtout est si débridé et si hardi que l'ennui n'a pas le temps de naître et que Diderot vous entraîne, comme sa pensée elle-même le tire d'une course à perte d'haleine après elle. Aussi, que surgisse un épisode qui le passionne et le prenne aux entrailles, il apparaît comme l'un des plus grands conteurs de tous les temps. Non pas qu'il conte, comme on a dit, mieux que Voltaire; il lui manque cette légèreté ailée, cette magie de simplicité qui fait tout voir sans rien montrer. Mais il raconte ses anecdotes avec une intensité et une puissance de vie, avec une force et une suite de verve qui sont uniques. Il campe ses personnages comme dans le plus lumineux tableau de Miéris ou de Terburg; il les fait marcher et parler comme dans la vie même. Il n'invente pas, il en est naturellement incapable; mais il voit et il entend avec une pénétration merveilleuse, et ce qu'il a vu ainsi et entendu, il le reproduit avec la fidélité implacable d'une photographie qui donnerait les couleurs de la nature, ou d'un phonographe qui serait harmonieux. Il tient à la fois, bien qu'il ne les égale point, de Rabelais par des éclats de gaîté bouffonne, de Sterne par le pétillement des idées, tantôt plaisantes et tantôt attendries, qui s'entre-croisent, de Richardson par l'observation morale et l'émotion prédicante. Mais il a quelque chose qui n'est qu'à lui, c'est une frénésie de curiosité, sympathique et scientifique tout ensemble, qui le fait entrer jusqu'au fond des âmes et nous fait voir les cœurs à nu.

Grimm a raconté lui-même le plaisant et « horrible complot » d'où est sortie la *Religieuse*. Le marquis de Croismare, ancien officier du régiment du roi et l'un des amis les plus dévoués des philosophes, s'était retiré, au commencement de l'année 1759, dans ses terres de Normandie, près de Caen. Cette perte « ayant été infiniment sensible » à la petite société de Mme d'Épinay, Grimm, Diderot et « deux ou trois autres bandits de même trempe » cherchèrent le moyen de le faire revenir à Paris. S'étant rappelé que, peu de temps avant son départ, une jeune religieuse de Longchamp avait réclamé juridiquement contre les vœux auxquels elle avait été forcée par ses parents, que le marquis avait sollicité en sa faveur et qu'elle avait cependant perdu son procès, Diderot supposa que sœur Suzanne Simonin avait eu le bonheur de se sauver du couvent, et écrivit en son nom à Croismare pour lui demander secours et protection. Le marquis se laissa prendre au premier appel et engagea aussitôt avec sa prétendue solliciteuse une correspondance qui se prolongea pendant plusieurs mois. Il adressait ses lettres à une certaine Mme Madin, veuve d'un ancien officier d'infanterie, qui vivait réellement à Versailles, chez qui Suzanne était censée avoir trouvé asile et qui savait seulement qu'il fallait recevoir et remettre à Diderot toutes les lettres timbrées de Caen. Les réponses, soigneusement recopiées par une main féminine, étaient signées tantôt de Mme Madin, tantôt de Suzanne elle-même. Natu-

rellement, plus le marquis s'apitoyait, plus le philosophe s'échauffait de son côté. Croismare ayant
exprimé le désir de connaître en détail l'histoire de
la malheureuse qui faisait appel à son cœur, Diderot
mit une telle passion à la fabriquer qu'il pleurait et
sanglotait lui-même en l'écrivant, dupe de sa propre
fourberie; quand ses amis de la Chevrette entraient
dans la chambre où il travaillait, ils le trouvaient
« plongé dans la douleur et le visage inondé de
larmes ». Enfin, comme le marquis, au lieu de venir
à Paris, demanda à sœur Suzanne d'accepter un logement dans son château de Lasson, logement qu'il
avait déjà commencé de meubler, et de devenir la
compagne de sa propre fille, on tint un grand
conseil des conjurés et Diderot décida cruellement
de faire mourir la religieuse. Une lettre pathétique de
Mme Madin avisa Croismare de cette catastrophe, et
le bon marquis, au désespoir, après avoir remercié
la veuve versaillaise « de s'être comportée à l'égard
de Suzanne avec les sentiments les plus nobles et
la conduite la plus généreuse », lui adressa cette
suprême requête : « Tout ce qui se rapporte à notre
infortunée m'est devenu extrêmement cher; ne
serait-ce point exiger de vous un trop grand sacrifice que celui de me communiquer les petits
mémoires qu'elle a faits de ses différents malheurs?
Je vous demande cette grâce, Madame, avec d'autant
plus de confiance que vous m'aviez annoncé que
je pouvais y avoir quelques droits. » Les petits
mémoires, qui sont précisément le roman de la

Religieuse que Diderot écrivait en pleurant, furent-
ils alors envoyés au marquis? Grimm ne le dit pas
et il est probable que Diderot n'en fit rien. En effet,
huit ans après, quand Croismare revint à Paris en
se proposant de prendre « mille informations sur
l'infortunée qui l'avait tant intéressé », le hasard
voulut qu'à sa première visite chez une amie de
Mme d'Épinay qui avait été du complot, il ren-
contrât précisément Mme Madin; très ému et les
larmes aux yeux, il l'interroge vivement; Mme Madin
ne sait qu'entendre, l'amie éclate de rire et « ce fut
alors seulement le moment de la confession générale et du pardon ».

Peu d'anecdotes, même au XVIIIe siècle, sont plus
piquantes; quant au roman, il tient tout entier entre
un fait divers authentique et un dénoûment escamoté,
dans le tableau des deux couvents où la *Religieuse* a
été enfermée et qui doivent donner comme la synthèse de la vie monacale des femmes. Suzanne est
une enfant de seize ans, vouée au cloître par une
mère coupable et qui, obstinément rebelle à la vocation religieuse, brûlée de la soif de vivre, se trouve
successivement exposée aux persécutions les plus
cruelles et aux pires tentations. Innocente, mais
d'une innocence à qui rien d'horrible n'échappe et
qui fait frémir, elle porte au couvent l'âme d'un
encyclopédiste en révolte; la première question
qu'elle se pose, « c'est pourquoi, à travers toutes les
idées funestes qui passent par la tête d'une religieuse
désespérée, celle de mettre le feu à la maison ne lui

vient pas ». Elle ne répond pas à la question, mais point de doute sur la solution qui lui paraît logique et légitime. Et, au fait, tels qu'elle les décrit dans un réquisitoire visiblement établi sur une minutieuse enquête et tels qu'ils n'ont été que trop souvent, les couvents d'avant la Révolution n'appelaient pas seulement le feu des hommes, mais celui du ciel. « Il n'y a de bonne religieuse, dit la supérieure de Moris, que celle qui apporte dans le cloître quelque grande faute à expier. » Mais combien sont-elles qu'un grand remords ou qu'une grande douleur a vouées vraiment, par le sacrifice de tout ce qui fait la joie de la vie, à cette longue et terrible condamnation d'une mort vivante? Et s'il n'est pas douteux que Diderot ait commis une faute à la fois contre la vérité historique et contre l'art même du roman en ne montrant pas suffisamment les sanctuaires de paix et d'oubli à côté des cloaques de fureur et d'impudicité, il est certain aussi que la sombre horreur de ces peintures ne dépasse en rien les faits qui ont été établis dans vingt procès, notamment, devant le parlement de Paris, dans l'affaire de l'abbaye de Clairvaux.

Ce qui fait, en effet, le dramatique vraiment dantesque de cet implacable récit, qu'il faut lire mais qu'on ne peut résumer, c'est qu'un cerveau d'homme eût été impuissant à imaginer les froides atrocités qu'une meute de tortionnaires en cornettes fait subir, pendant de longs mois, à la recluse dont le seul crime est de vouloir être femme. Ces punitions avi-

lissantes, cette privation systématique de nourriture,
cette cellule, dont les vitres ont été brisées exprès,
transformée en glacière, cette bière où l'infortunée
est enfermée pendant de longues heures, enveloppée
d'un suaire, tandis que la communauté récite sur
elle les prières des agonisants, ces verres cassés
qu'on sème la nuit sous ses pieds nus, cette pincette
rouge qu'on la force à ramasser et qui lui emporte
toute la peau du dedans de la main, cette ordure où
on la condamne à croupir, ces pointes aiguës dont
on la pique, ces cordes dont on garrotte ses bras,
bientôt tout violets du sang qui ne circule plus, tout
cela est vu, vécu, senti, souffert, tout cela a vraiment été, rien de cela n'a été inventé. Voilà pour le
couvent de Longchamp, et les turpitudes de celui
d'Arpajon ne portent pas moins vivement avec elles
l'empreinte de la vérité ; mais comment les dire, et
cependant comment ne pas rappeler au moins d'un
mot la scène grandiose de la confession quand la
supérieure infâme, s'effondrant après un long silence,
éclate dans ces mots qui donnent le frisson : « Mon
père, je suis damnée » ?

Plusieurs n'ont vu dans la *Religieuse* qu'un livre
licencieux. Je dirais volontiers que c'est le seul livre
auquel Diderot ait cherché à donner une conclusion
morale. Partout ailleurs, c'est avec plaisir et pour
le seul plaisir d'être graveleux qu'il a cherché et
étalé la fange humaine ; ici au contraire, s'il montre
le vice dans toute sa laideur et toute sa folie, c'est
pour en donner la haine et pour obéir, comme il

convient, à sa conscience d'anatomiste de la société.
Récusez le sujet, soit : vous privez l'histoire d'un
document sans prix. Mais si vous l'admettez, convenez que le pinceau de l'auteur ne se complaît
pas une minute aux infamies qu'il dénonce, qu'il
les déteste, qu'il en inspire l'horreur, et qu'il est
entre ses mains comme un scalpel. La science
moderne n'en a pas connu de plus pénétrant et de
plus utile.

Jacques le Fataliste est postérieur de treize ans
à la *Religieuse*. Si Sterne n'avait pas écrit *Tristram
Shandy*, il paraît probable que Jacques n'aurait
jamais rencontré son maître et qu'ils n'eussent pas
entrepris leur voyage. N'était l'épisode de Mme de
la Pommeraye et du marquis des Arcis, il n'y aurait
eu à cela que demi-mal; encore a-t-on trop vanté
cette histoire d'une femme du monde qui se venge
de l'amant infidèle en lui faisant épouser une drô-
lesse qu'il croit un ange de vertu. L'invention en
serait dramatique s'il n'était permis de supposer que
l'aventure n'a pas été imaginée et que Diderot a
raconté une vengeance véritable dont il ne serait pas
impossible de retrouver les personnages; le récit en
est intéressant, d'une simplicité puissante, avec deux
ou trois vignettes qui se gravent dans la mémoire, mais
il y a plus de pathétique et d'observation profonde
dans l'admirable anecdote de Mlle de la Chaux [1], et
le style, dans celle de Desroches et de Mme de la

1. *Ceci n'est pas un conte.*

Cardière [1], est plus naturel et plus vif. — Ces deux nouvelles, et les *Amis de Bourbonne*, récits familiers et simples d'événements vrais, chefs-d'œuvre de narration et d'émotion, sont des perles fines dans la vitrine où reluit trop de clinquant. — Quant à l'histoire proprement dite de Jacques et de son maître, on ne s'étonne pas que Gœthe ait trouvé plaisir à ce plat « curieusement préparé »; les ingrédients de ce ragoût à la diable étaient presque tous nouveaux ; « les morceaux étaient hétérogènes, mais ils étaient tous pris dans la réalité »; et cela seul, après tant d'années d'une littérature artificielle et factice, était déjà savoureux. Il y a dans *Jacques* l'odeur de la vie ; seulement, cette odeur y est trop souvent nauséabonde. On comprend que les plus délicats aient fini par être saturés des parfums de Paphos et de Gnide, mais vraiment les deux voyageurs de Diderot, le valet philosophe et son maître, s'arrêtent trop souvent sur les fumiers. Une odeur sale vous poursuit ainsi tout le long de la route où Jacques, son maître et quelques comparses devisent de toutes choses — c'est tout le roman, — et racontent des anecdotes. De là un invincible malaise qui fait oublier ou méconnaître et les cascades du dialogue, tant de vues ingénieuses ou profondes sur la fatalité inéluctable des choses et l'enchaînement des causes et des effets, l'amusant enchevêtrement des contes et des

----

1. *Sur l'inconséquence du jugement public de nos actions particulières.*

apologues qui se croisent, se mêlent, s'arrêtent et
repartent avec une verve toujours plus franche, ce
mépris hautain des conventions sociales, cette com-
passion sincère pour les pauvres, cette intelligence
de l'âme des gueux, cette curiosité insatiable qui
s'intéresse à tout.

Aussi bien Diderot lui-même s'en aperçoit-il et,
dans une page imitée de Montaigne, cherche à se défendre de ce reproche qu' « un homme de sens, qui a
des mœurs et se pique de philosophie, puisse s'amuser à débiter des contes de cette obscénité ». Mais il a
beau prononcer qu'il ne se sent pas plus coupable,
« et peut-être moins », quand il écrit les sottises de
son valet que Suétone quand il nous transmet les dé-
bauches de Tibère ; il a beau invoquer Catulle et Mar-
tial, Juvénal et Pétrone, La Fontaine et tant d'autres,
et déclarer que la licence du style d'un auteur est
presque un garant de la pureté de ses mœurs : il ne
réussit pas à se disculper. Non point qu'il faille proscrire absolument la licence de la littérature, mais
parce que la sienne est opaque et pesante, et qu'il
développe longuement ce qui veut n'être qu'in-
diqué ; il manque de grâce et d'élégance, il n'a
de malice espiègle ni dans l'esprit ni même dans
le style ; méconnaissant les conditions mêmes de
cet art spécial, il emploie le lourd pinceau et les
épaisses couleurs de Carrache à des toiles qui appel-
lent la touche légère et fine de Fragonard. Il a pris
à Sterne son manteau bariolé, mais il ne sait pas
le porter ; Sterne sautille, il saute ; Sterne glisse,

il appuie; Sterne sourit, il s'esclaffe; Sterne
s'amuse, il déclame; Sterne mouille ses lèvres à
la coupe, il vide le pot jusqu'à la dernière goutte.
« Un jour un enfant, assis au pied du comptoir d'une
lingère, criait de toutes ses forces; la marchande,
importunée de ses cris, lui dit : « Mon ami, pour-
« quoi criez-vous? — C'est qu'ils veulent me faire
« dire A. — Et pourquoi ne voulez-vous pas dire A?
« — C'est que je n'aurai pas sitôt dit A, qu'ils vou-
« dront me faire dire B. » Sterne s'arrêtait à B, mais
Diderot, comme Jacques, va jusqu'à la fin de l'al-
phabet.

Vous avez assisté au spectacle d'un feu d'artifice;
que vous en reste-t-il dans le cerveau? Un éblouissement désordonné et confus. Vous avez vu tourner
dans le ciel des roues de feu, courir dans l'air des
serpents de flamme, éclater dans les nuages des
incendies de marcassites, d'améthystes, de rubis,
d'iris et d'émeraudes, s'épanouir dans l'infini des
gerbes d'or liquide et brûlant, tout cela dans une
rumeur faite de milliers de crépitements et de déto-
nations, dans une atmosphère tiède, chargée de
poudre et de salpêtre. Lisez maintenant le *Neveu de
Rameau* : vous n'en recevrez pas une autre impression.

C'est un feu d'esprit, le plus éblouissant, le plus
divertissant qui se puisse voir; mais est-ce autre
chose? Évidemment, et Diderot l'indique expressé-
ment dans son sous-titre; seulement, quoi qu'on ait
dit et, par conséquent, redit, ce n'est pas un symbole,

et la force de la satire provient précisément de ce
que Rameau-le-Neveu n'a rien de symbolique. Sans
doute, en écrivant cet étonnant dialogue, en éclairant
cette farce-tragédie de toute la magie de son style
qui n'est nulle part plus effronté ni plus coloré,
Diderot ne s'est pas proposé que de conserver la
physionomie du singulier parasite, « composé de
hauteur et de bassesse, de bon sens et de raison »,
âme de boue avec des éclairs de génie, qui était l'un
des personnages les plus bizarres « d'un pays où
Dieu n'en a pas laissé manquer », et méritait d'avoir
sa place dans la zoologie de l'homme. Usant du droit
incontestable qui appartient à l'artiste dans toute
œuvre qui n'est pas d'histoire ou de science, il s'est
servi de Rameau pour exercer contre Palissot, qui
venait de donner sa comédie des *Philosophes*, de
légitimes représailles, pour frapper du même coup
les autres ennemis de l'*Encyclopédie* et pour prendre
position contre la musique française dans sa querelle avec la musique italienne. Mais que cet « archi-
fou », à la fois proxénète et moraliste, voleur et
bon diable, bouffon et musicien, qu'il méprisait et
qui l'amusait, doive être considéré, non pas comme
l'interlocuteur du philosophe, mais comme son porte-
parole et le traducteur juré de sa pensée, les commentateurs ont eu beau s'exercer sur ce thème : il
est un contresens. Il est certain que les écrivains,
comme les artistes, mettent souvent dans leurs
œuvres autre chose encore que ce qu'ils avaient
sous la plume ou sous le pinceau ; c'est qu'ils

l'avaient dans la tête ou dans le cœur, et cet élar-
gissement naturel de l'œuvre conçue est le plus
fréquent des phénomènes. Il ne s'ensuit pas que
le meilleur moyen de prendre un livre ne soit pas
de le recevoir des mains de l'auteur tel qu'il l'a
écrit. S'il faut à tout prix, sous peine de méconnaître
Diderot, faire de cette satire une œuvre symbolique,
les contradictions accumulées la rendent proprement
inintelligible. Au contraire, tout n'y devient-il pas
clair si j'accompagne simplement le philosophe au
Palais-Royal, sur le banc d'Argenson quand il fait
beau, au café de *la Régence* quand le temps est trop
froid ou trop pluvieux; tantôt abandonnant son
esprit à tout son libertinage et « suivant la première
idée sage ou folle qui se présente, comme on voit
nos jeunes dissolus marcher sur les pas d'une cour-
tisane à l'air éventé, au visage riant, à l'œil vif, au
nez retroussé, quitter celle-ci pour une autre, les
attaquant toutes et ne s'attachant à aucune »; tantôt
se distrayant, quand il est fatigué, à voir « pousser
le bois », parce que l'établissement de Rey « est
l'endroit de Paris où l'on joue le mieux à ce jeu »;
causant enfin et discutant, parce que le silence lui
pèse vite, avec le premier venu qui l'aborde et qui
est de taille à échanger avec lui des impressions?
Or, une après-dînée, aux premières journées de
l'année 1763, c'est Rameau qui vient à lui. Il l'a
rencontré déjà dans une maison où le parasite avait
son couvert, « mais à la condition qu'il ne parle-
rait pas sans en avoir obtenu la permission »; il

s'est intéressé à ce gueux et lui a même prêté quelques écus. Ce jour-là, le neveu de Rameau, en veine de confession, est particulièrement en verve ; et le soir, rentré chez lui, Diderot rédige sa conversation d'une haleine, prêtant certes à son héros quelque chose et même beaucoup de ses propres vues, mais occupé surtout, en artiste qu'il est, à retracer un portrait fidèle de l'extraordinaire individu dont le « diable de ramage saugrenu » l'a si vivement intéressé.

Et je comprendrais que l'on contestât cette interprétation si ce petit-fils de Panurge était, comme Jacques par exemple, ou comme Dorval, un personnage de convention, sarbacane quelconque que Diderot aurait chargée d'idées jusqu'à la gueule. Mais Jean-François Rameau a existé en chair et en os, nous avons sur les hauts faits de ce drôle les renseignements les plus circonstanciés, et Mercier, dans son *Tableau de Paris*, ne l'a pas décrit différemment, en son style de greffier, que Diderot dans la prestigieuse prose de son dialogue :

Il réduisait à la mastication, écrit Mercier, tous les prodiges de la valeur, toutes les opérations du génie, tous les dévouements de l'héroïsme, enfin tout ce qu'on faisait de grand dans le monde. Selon lui, tout cela n'avait d'autre but ni d'autre résultat que de placer quelque chose sous la dent. Il prêchait cette doctrine avec un geste expressif et un mouvement de mâchoire très pittoresque.

Pareillement, Rameau, dans le dialogue, n'arrête pas de répéter qu'il lui faut « un bon lit, une bonne table ! » et que le reste n'est rien ; il ne se connaît

pas d'autre ambition que de faire bonne chère sans
travailler autrement que de son métier de parasite : « Combien de fois je me suis dit : comment,
Rameau, il y a dix mille bonnes tables à Paris, à
quinze ou vingt couverts chacune, et de ces cou-
verts-là il n'y en a pas un pour toi! » Pour être
assis devant l'un de ces couverts, même avec défense
de parler, il n'est point de vilenie à laquelle il ne
soit prêt; il mime la scène, déjà jouée plus d'une
fois, où il va séduire une jeune boutiquière pour
le compte d'un riche amphitryon. Il n'y a pas
jusqu'à la pantomime de la dégustation qui ne se
retrouve dans Diderot : « Puis, avec l'air d'un
homme touché qui nage dans la joie et qui en a les
yeux humides, il ajoutait en se frottant les mains :
« Tu aurais une bonne maison — il en mesurait
« l'étendue avec ses bras, — un bon lit — et il s'y
« étendait nonchalamment, — de bons vins — *qu'il*
« *goûtait en faisant claquer la langue.* » Piron encore,
après Mercier, dans une lettre à son ami Cazotte [1],
ajoute son témoignage :

D'ici, je le vois là, ne disant jamais ce qu'il devait dire, ni
ce qu'on eût voulu qu'il eût dit, toujours ce que ni lui ni
vous ne vous étiez attendu qu'il dirait.... Je le vois cabrioler
à contretemps, prendre ensuite un profond sérieux, encore
plus mal à propos, passer de la haute-contre à la basse-taille,
de la polissonnerie aux maximes, fouler au pied les riches et les
grands, et pleurer de misère; se moquer de son oncle et se

1. Lettre du 22 octobre 1764, communiquée par l'expert
Gabriel Charavay à M. Gustave Isambert et publiée par ce
dernier dans sa notice sur Rameau le neveu.

parer de son grand nom ; vouloir l'imiter, l'atteindre, l'effacer
et ne vouloir plus se remuer ; lion à la menace, poule à
l'exécution, aigle de tête, tortue et belle écrevisse de pieds ;
au demeurant, le meilleur enfant du monde.

Revenez maintenant au Rameau du café de la
Régence ; c'est les mêmes cabrioles et les mêmes
farces, la même succession de discours graves,
débités « d'un ton sérieux et réfléchi », le doigt
sur le front « où pourtant il y a quelque chose », et
de paradoxes dévergondés, accompagnés de gestes
cyniques ; là aussi, racontant une anecdote, celle du
Renégat d'Avignon, il fait rêver « à l'inégalité de
son ton, tantôt haut, tantôt bas », et là aussi, après
avoir chanté l'ouverture des *Indes galantes* et l'air
Profonds abîmes, il voudrait avoir écrit « ces deux
morceaux-là » et être son oncle, « marchant la tête
droite, et l'air satisfait et ronflant comme un grand
homme ». Puis, le même dégoût le prend : « Un
musicien, un musicien ! quelquefois je regarde mon
fils en grinçant les dents et je dis : « Si tu devais
« jamais savoir une note, je crois que je te tordrais
« le cou ! » Diderot enfin, comme Piron, restant con-
fondu « de tant de sagacité et de tant de bassesse,
d'idées si justes et alternativement si fausses, d'une
perversité si générale de sentiments, d'une turpitude
si complète et d'une franchise si peu commune »,
voudrait se fâcher et s'indigner, « mais chaque fois
la colère qui s'élève au fond de son cœur se termine
par un éclat de rire ».

Le *Neveu de Rameau* est donc un portrait et, pour

ainsi dire, l'*interview* du plus illustre des bohèmes
par le plus grand des journalistes. Mais, cela posé,
c'est aussi une satire, la plus redoutable qui ait
frappé en pleine poitrine les ennemis de l'Encyclopédie et un modèle incomparable du genre. A travers
le mouvement endiablé qui emporte le dialogue,
Diderot trouve moyen de cribler de flèches la
meute à gage des Palissot et des Fréron, comme
un cavalier scythe ou tartare, qui se retourne sur
un cheval au triple galop pour vider son carquois
contre les ennemis qui le poursuivent. Rameau est
tout ce que l'on voudra et tout ce qu'il avoue être
lui-même en étalant ses turpitudes, « un fainéant,
un gourmand, un lâche, un être très abject et très
méprisable », un Yahou de Swift qui a découvert
que, « s'il importe d'être sublime en quelques genres,
c'est surtout en mal » ; mais ce produit monstrueux
d'une société pourrie, s'il a profité de tous ses vices,
n'en a pas du moins l'hypocrisie, et, « pour cela que
le mépris de soi lui est insupportable », il en dénonce les vilenies. Depuis le roi de France à qui
« un petit chignon et un petit nez » font faire toutes
les sottises, jusqu'au dernier faquin qui débauche
des filles pour un grand seigneur, depuis les fermiers généraux et autres « brigands opulents » qui
entretiennent des cabales pour « déchirer les honnêtes gens », jusqu'aux drôles de lettres « dont les
bassesses ne peuvent même pas s'excuser par le
borborygme d'un estomac qui souffre », du grand
criminel « dont l'atrocité fait frémir » au petit filou

« sur qui l'on crache », de Villemorien au Poinsinet,
de Bouret à Baculard, de Mme de la Marck à la
petite Hus, honte à cette société qui s'effondre dans
la décomposition et appelle le feu purificateur et vengeur! Rameau la fait défiler dans sa confession avec
une rage croissante, et personne ne l'a marquée encore d'un fer plus brûlant. Diderot est ici Pétrone et
Juvénal à la fois. « La pantomime des gueux est le
grand branle de la terre. » Rameau-le-gueux conduit
le branle et son fils, ce fils qu'il tuerait de ses propres mains s'il devait devenir musicien, il sera per-
ruquier à Séville — et c'est Figaro.

CHAPITRE IV

LES « SALONS »

Diderot n'a point inventé de toutes pièces la critique d'art. — Qui peut se targuer d'avoir jamais inventé ainsi quoi que ce soit? — La Font de Saint-Yenne avait publié avant lui des comptes rendus des Expositions, qui sont très plats, Grimm en avait écrit qui sont sensés, Gresset en avait rimé qui sont détestables. Ce qu'a fait Diderot, après quelques tâtonnements, c'est d'abord de fondre dans un genre nouveau deux éléments jusqu'alors étrangers l'un à l'autre : une critique qui n'avait pas su encore s'élever au-dessus d'une simple besogne d'informateurs, une esthétique qui n'avait pas daigné encore descendre du ciel nuageux des métaphysiciens. Ensuite, bien que ses *Salons* ne soient allés, de son vivant, qu'à peu de lecteurs privilégiés et n'aient été imprimés qu'assez longtemps après sa mort, il éveilla chez ses contemporains, dont les plus délicats n'aimaient la peinture qu'en poésie, comme un sixième sens, et les fit entrer dans le domaine des formes et des couleurs par les idées [1]. Le genre, tel qu'il l'a créé, s'est modifié. Le mouvement qu'il a donné à l'esprit français dure encore.

Grimm, qui avait pris en 1754 la direction de la *Correspondance littéraire*, y avait rédigé lui-même, au début, les nouvelles artistiques; il offrit à Diderot, en 1759, de lui confier le compte rendu des Salons, qui étaient alors bisannuels. Le philosophe rôdait autour de cette besogne supplémentaire, bien qu'il parût ne l'avoir acceptée que pour rendre service à son ami. Comme il s'était lié, pendant les fécondes années de sa vie de bohème, à quantité de peintres et de sculpteurs dont les ateliers n'avaient point de visiteur plus assidu et plus curieux que lui, il était heureux de fixer sur le papier les idées qu'il y avait cueillies au vol et qui bourdonnaient dans sa tête. Grimm, qui n'était ni un penseur profond ni un brillant écrivain, était, avec un esprit d'une singulière netteté, le plus habile des *impresarii*, un admirable directeur de journal. Il savait, comme pas un, découvrir les talents, les diriger dans leur voie, les employer au mieux de leurs intérêts et des siens. Il aperçut le parti qu'il pourrait

---

1. « Je n'avais jamais vu dans les tableaux que des couleurs plates et inanimées; c'est presque un nouveau sens que je dois à son génie. » (Mme Necker.) « Diderot a fait entrer les Français dans la couleur par les idées. » (Sainte-Beuve, *Causeries du lundi*, III, 15.)

tirer des enthousiasmes de Diderot : quel régal
pour ses abonnés que de leur servir, à peine défraî-
chies par la transcription sur le papier, ses éblouis-
santes causeries! Il n'abdiquerait pas d'ailleurs
tout contrôle sur les improvisations de son collabo-
rateur. Après avoir deviné en lui cette vocation nouvelle, il s'appliquerait à le conduire, guide excellent qui, s'il manquait du tempérament de l'artiste,
avait du moins une notion très élevée de l'art. Aussi
bien Diderot l'a-t-il reconnu lui-même : « Si j'ai
quelques notions réfléchies de la peinture et de la
sculpture, écrit-il à Grimm, c'est à vous que je le
dois ». Les notions brillantes, mais confuses et
désordonnées, qu'avait Diderot ne devinrent, en
effet, réfléchies que sous la férule de « Tyran-le-
Blanc ». Sans ce Jean-Baptiste de la critique d'art,
il n'eût écrit que l'article tout dogmatique de l'Encyclopédie sur le *Beau*; mais il n'eût pas réussi à
dégager d'une fumée épaisse, quoique déjà pleine
d'éclairs, les vives lumières qui illuminent ses discours sur la peinture.

C'est donc à Grimm que nous devons les *Salons*
de Diderot, c'est-à-dire, d'abord, une lecture qui
restera, aussi longtemps que la langue française,
l'une des plus captivantes qui soient, parce qu'elle
promène l'esprit, l'instruisant et le divertissant
tour à tour, à travers une variété infinie de sujets,
et qu'elle stimule en lui, par une floraison de pensées et d'images, un afflux toujours nouveau d'idées
et de sensations. Les jouissances que nous deman-

dons à la lecture sont très diverses : un beau livre, qui distrait des plus amers chagrins, repose l'âme ou l'élève, la berce ou l'excite, la passionne ou la charme, la déride ou la fortifie. Mais la lecture la plus attrayante, qui ne préjuge pas d'ailleurs de la valeur de l'ouvrage, est celle qui nous met en communication directe avec l'auteur, nous fait voir, sentir et vivre avec lui. La correspondance de Cicéron, celle de Mme de Sévigné et celle de Voltaire, les *Essais* de Montaigne donnent cette intimité délicieuse; la lettre morte s'anime; au travail mécanique des yeux se substitue peu à peu comme une conversation avec l'écrivain lui-même : vous ne lisez plus, vous écoutez; la distance des siècles s'efface; il est là, près de vous, devant vous; il vous parle : un peu plus vous le voyez; un peu plus, vous discuterez avec lui.

Les *Salons* sont de la famille : quels qu'en soient les défauts, et peut-être même un peu à cause de ces défauts, ils évoquent Diderot et non point un fantôme, mais bien le philosophe en chair et en os, tel que le vit le jeune Garat le matin où il s'introduisit chez lui pour saisir sur le vif son grand voisin : « Il se lève, ses yeux se fixant sur moi, peu à peu sa voix devient distincte et sonore; il était d'abord presque immobile, ses gestes deviennent fréquents et animés. » L'extraordinaire monologue, coupé à peine par quelques questions, roule sur tout :

« Si le discours amène le mot de *lois*, il me fait un plan
de législation; s'il amène le mot *théâtre*, il me donne à
choisir entre cinq ou six plans de drames et de tragédies. A
propos des tableaux qu'il est nécessaire de mettre sur le
théâtre, il se rappelle que Tacite est le plus grand peintre
de l'antiquité et il me récite ou me traduit les *Annales* et les
Histoires. Mais combien il est affreux que les barbares aient
enseveli sous les ruines un si grand nombre des chefs-
d'œuvre de Tacite! Si encore les monuments qu'on a déterrés
à Herculanum pouvaient en rendre quelque chose! Cette
espérance le transporte de joie et, là-dessus, il disserte
comme un ingénieur italien sur les moyens de faire des
fouilles d'une manière prudente et heureuse. Promenant alors
son imagination sur les ruines de l'antique Italie, il se transporte aux jours heureux des Lélius et des Scipion, où même
les nations vaincues assistaient avec plaisir à des triomphes
remportés sur elles. Il me joue une scène entière de Térence;
il chante presque plusieurs chansons d'Horace. Il finit enfin
par me chanter réellement une chanson qu'il a faite lui-même
en impromptu dans un souper, et par me réciter une comédie
très agréable dont il a fait imprimer un seul exemplaire
pour s'éviter la peine de la recopier ».

Maintenant, ouvrez les *Salons*. Si la promenade à
travers la galerie du Louvre nous amène devant
un de ces tableaux de martyrs qui « nous feraient
prendre pour des bêtes féroces ou des anthropo-
phages », Diderot part en guerre contre la « folie
du Christ » et tous les crimes qu'elle a fait com-
mettre; s'il s'arrête devant une scène familiale,
l'invective furieuse tourne en idylle attendrie, il
entonne un hymne en l'honneur des vertus domestiques et du « bonheur d'aimer ». A propos d'une
esquisse qu'il trouve sublime et dont l'auteur n'est
pourtant qu'une bête, il se demande quelles sont,
chez l'artiste, les marques extérieures du génie :
« Méfiez-vous de ces gens qui ont leurs poches

pleines d'esprit et qui le sèment à tout propos. Le
pinson, l'alouette, la linotte, le serin, jasent et babil-
lent tant que le jour dure. Le soleil couché, ils
fourrent leur tête sous l'aile et les voilà endormis.
C'est alors que le génie prend sa lampe et l'allume,
et que l'oiseau solitaire, sauvage, inapprivoisable,
brun et triste de plumage, ouvre son gosier, commence son chant, et rompt mélodieusement le
silence et les ténèbres de la nuit. » Mais il ne suffit
pas d'avoir reçu du ciel la divine étincelle : « Roslin,
Suédois de naissance, pouvait être un peintre, mais
il fallait venir de bonne heure dans Athènes ! » et, là-
dessus, il découvre la théorie du milieu et l'établit
en quatre coups de plume qui ne laissent rien d'essentiel à dire. Tout à l'heure, un mauvais tableau
d'église le transportait de colère contre l'Inquisi-
tion. A l'autre bout de la salle, un autre tableau religieux ramène son souvenir aux processions de la
Fête-Dieu, aux adorations de la Croix le vendredi
saint, et la pompe des belles cérémonies remplit cet athée d'enthousiasme : « Je n'ai jamais vu
cette longue file de prêtres en habits sacerdotaux,
ces jeunes acolytes vêtus de leurs aubes blanches
et jetant des fleurs devant le Saint-Sacrement, cette
foule qui les précède et qui les suit dans un silence
religieux ; tant d'hommes, le front prosterné contre
la terre ; je n'ai jamais entendu ce chant grave et
pathétique donné par les prêtres, et répondu affec-
tueusement par une infinité de voix d'hommes, de
femmes, de jeunes filles et d'enfants, sans que les

entrailles ne s'en soient émues, n'en aient tressailli, et que les larmes ne m'en soient venues aux yeux. » Et puis, tout à coup, il me fait un conte, « parce qu'un conte et un propos plaisant valent mieux que cent mauvais tableaux et que le mal qu'on en pourrait dire »; ou il déclame à pleine voix, à la manière de Perse, une satire révolutionnaire contre le luxe; ou il m'explique encore par un apologue pourquoi les amis d'un peintre, dont le talent diminue en raison de l'étendue de sa toile, cherchent en vain à l'échauffer et à l'animer de concepts plus hauts : « Un jour Roland prit un capucin par la barbe et, après l'avoir bien fait tourner, il le jeta à deux milles de là où il ne tomba qu'un capucin. »

Reconnaissez-vous la muse du poète qu'une pierre arrête et qui poursuit tous les papillons?

Quand arriverons-nous si nous marchons ainsi?...

Hé! que t'importe d'arriver si tu n'es pas l'Anglais qui court le monde pour vérifier la nature sur son *Guide*; je voyage avec Diderot pour voyager.

La première qualité du touriste qui raconte ses promenades est de bien voir; la deuxième de faire bien voir ce qu'il a vu. Diderot a l'œil très clair et la mémoire très sûre. Quand il allait au Salon, il prenait ses notes sur de petits bouts de papier dont il remplissait ses poches, mais il les prenait avec une telle précision et ses souvenirs étaient si fidèles que, rédigeant son compte rendu assez longtemps,

parfois un an après, il reproduisait le tableau dans
toute sa vivante vérité. J'ai devant moi, en écrivant ces
lignes, une ébauche sans signature achetée au hasard
d'une vente. Lisant un jour le Salon de 1767, je
tombe en arrêt sur cette page :

Hercule enfant, étouffant des serpents, au berceau. On voit
à droite une suivante effrayée, puis Alcmène et son époux.
Celui-ci saisit son enfant et l'enlève de son berceau. Dans le
berceau voisin, le jeune Hercule, assis, tient par le cou un
serpent de chaque main, et s'efforce des bras, du corps et du
visage, de les étouffer. Sur le fond à gauche, au delà des
berceaux, des femmes tremblent pour lui. Tout à fait à
gauche, deux autres femmes debout : celles-ci sont assez
tranquilles. De ces deux femmes, celle qu'on voit par le dos
montre le ciel de la main et semble dire à sa compagne :
« Voilà le fils de Jupiter ». Du même côté, colonnes. Dans
l'entre-colonnement, grand rideau qui, relevé par le plafond,
vient faire un dais au-dessus des berceaux. Beau sujet, digne
d'un Raphaël. Cette esquisse est fortement coloriée, mais
sans finesse de tons. Je ne dis pas que Taraval vaille mieux
que Fragonard....

C'était mon tableau, décrit avec une précision de
greffier, l'esquisse de Taraval. Les couleurs ont
pâli, mais sans perdre de leur vigueur ; les tons ne
sont pas devenus plus fins, mais se sont fondus dans
une harmonie dorée. Les deux cents autres numéros
du Salon ne sont pas moins fidèlement racontés.
Vérifiez pour les Greuze et les Vernet du Louvre :
la description en est toujours mathématiquement
exacte. Seulement, avec cette faculté d'évocation qui
fait la magie de son style, tout en détaillant l'œuvre
qu'il étudie, il l'anime, la met en relief. Ce n'est
plus un tableau d'histoire : c'est la scène d'histoire

elle-même. Ce n'est plus un tableau de genre : c'est
l'anecdote, le roman même. Ce n'est plus un paysage : c'est la nature vibrante et frémissante de
lumière, éclatant dans toute sa variété, sa splendeur
ou son charme mélancolique. Tout cela, sans nul
apprêt, d'une seule venue, d'une seule inspiration.
Il a toujours marqué un goût particulier pour les
esquisses : « Pourquoi une belle esquisse nous
plaît-elle plus qu'un beau tableau? C'est qu'il y a
plus de vie et moins de formes. A mesure qu'on
introduit les formes, la vie disparaît. » Les comptes
rendus de Diderot, écrits d'une haleine, dans une
fièvre de dix jours et d'autant de nuits, sont « des
esquisses de descriptions ». Il y donne tout ce qu'il
y a d'essentiel dans le tableau, mais il n'insiste sur
rien. Voici les contours, mais indiqués d'un seul jet
de plume ; voilà les couleurs, mais fraîches et légères
comme sur l'ébauche même. Cette vivacité de touche,
ce mouvement rapide qui emporte sa plume, rendent
insensible la transition aux digressions les plus
imprévues. L'anecdote jaillit de la narration, comme
aux marges de la toile les fioritures et les arabes-
ques où le pinceau se distrait, se repose ou s'exerce.
Notre imagination excitée suit le philosophe partout
où il lui plaît de la mener, et ne s'étonne de rien.
L'œuvre d'art, qu'il a si scrupuleusement décrite, a
éveillé en lui des idées, des souvenirs sans nombre.
Il étoufferait s'il ne s'en délivrait. C'est alors une
gerbe éblouissante de pensées, un feu d'artifice
ininterrompu de paradoxes.... « Sonate, que me

veux-tu ? » Évidemment; mais si la sonate m'enchante, pourquoi chicaner, gâter, empoisonner mon plaisir? Prenons-le d'abord. Il y a bien assez de gens, de par le monde, qui ressemblent au pauvre Parrocel : « Il a beau se frapper le front, il n'y a personne ». Derrière le front de Diderot il y a une légion toujours prête à s'élancer, orateurs, physiciens, moralistes, poètes, dramaturges, satiriques, pour se livrer sous nos yeux aux exercices les plus variés. Tout le grise, surtout la peinture. Pourquoi ne pas jouir, nous aussi, de cette griserie?

Sans se défendre contre le charme de ces merveilleuses causeries, d'autres que de simples cuistres se sont demandé si la peinture n'a point été pour Diderot ce que l'histoire a été plus tard pour Dumas : la patère où il accroche ses contes et ses théories. En fondant la critique d'art, ne l'a-t-il point faussée?

Voici d'abord un premier point : quel but se propose Diderot en écrivant ses *Salons?* Bien qu'il ne l'ait défini en aucune page de ses trois volumes, son ambition ne peut être celle d'un vulgaire amuseur : ce qu'il cherche, c'est à initier au sentiment des arts plastiques un siècle qui ne manque ni de sculpteurs ni de peintres, mais où le public lui-même est à l'égard de la peinture d'une ignorance qui touche à l'indifférence et, n'ayant d'oreilles que pour l'esprit, n'a plus d'yeux pour la forme. Dès lors, imaginez que Grimm, au lieu de s'adresser à Diderot pour le compte rendu des Expositions, se fût adressé à un Winckelmann. Au lieu de ces causeries en zigzag et

de ces discours étonnants où l'art, en effet, ne paraît
souvent qu'un prétexte à philosopher, nous aurions
eu une série d'études d'une science achevée, où les
défauts et les qualités de l'art français eussent été
mis en lumière avec une grande force de critique.
Mais quel en eût été l'effet? quelle en eût été l'action? Mme Necker les eût lues évidemment, parce
qu'elle lisait tout, mais, les ayant lues, eût-elle dit
ensuite de Winckelmann ce qu'elle dira de Diderot,
ce que la France entière a pu dire après elle : qu'il
lui avait ouvert les yeux et qu'il avait donné pour
elle aux tableaux le relief et la vie? Pour amener ou
ramener à l'art un pays qui n'était plus épris que
des choses de l'esprit, il fallait ruser avec lui :
comment ruser plus habilement qu'en le conduisant
à la forme par l'esprit même? Si le sens des beaux
arts est devenu plus général en France que partout
ailleurs, c'est un service que l'âme française doit à
Diderot.

En faisant ainsi de la description des œuvres
d'art un genre littéraire, Diderot a fait acte, plus ou
moins consciemment, d'éducateur et de politique.
Il n'en reste pas moins que l'art et la littérature ne
se distinguent pas seulement comme moyen d'expression, mais bien plus encore comme principes — et
Diderot ne l'a point nettement aperçu, — et qu'il y
a plus de différence entre le domaine des formes, qui
est celui de l'art, et le domaine des idées, qui est
celui de la littérature, qu'entre un pinceau et une
plume. Diderot, en effet, part de ce principe qu'il y

a un *beau* éternel, immuable, règle et modèle du *beau* subalterne, et que cette règle est également applicable à la nature, à la littérature et à l'art : c'est tout son puissant article de l'*Encyclopédie* où il appelle indistinctement « beau hors de lui » tout ce qui contient en soi de quoi réveiller dans son entendement l'idée de rapports, et « beau par rapport à lui » tout ce qui réveille cette idée. Mais alors même que cette conception serait bien la clef de l'esthétique, il ne s'ensuivrait pas qu'il suffirait d'avoir forgé cette clef pour savoir juger infailliblement. Or Diderot, s'il était, plus qu'aucun de ses contemporains, sensible à la beauté des lignes, à l'harmonie des formes et à la qualité des couleurs, l'était surtout à l'émotion littéraire qui se dégageait pour lui d'une statue ou d'un tableau. Il a l'intelligence trop ouverte pour ne pas se rendre compte, d'abord par accident, que les idées ne sont pas les formes. Il fait ainsi, devant le *Saint Grégoire* de Vien, cette hypothèse : « Supposez devant ce tableau un artiste et un homme de goût. Le beau tableau! dira le peintre. La pauvre chose! dira l'homme de lettres ; et ils auront raison tous les deux. » L'homme de lettres n'a point raison ; c'est déjà beaucoup, en plein XVIIIᵉ siècle, que de donner demi-raison à l'artiste. Mais, neuf fois sur dix, Diderot regarde les œuvres d'art avec les yeux de l'homme de lettres et juge d'un tableau comme d'un roman ou d'une tragédie. Pour qu'une statue ou qu'un tableau lui plaise, il faut qu'il y trouve d'abord matière à littérature. « Le premier point, le point important, c'est de trouver une grande idée. » Mais qu'est-ce, en peinture ou en sculpture, qu'une grande idée? Où est-elle, par exemple, dans le *Gladiateur* de la galerie des Antiques, beau seulement par la forme et par le mouvement, ou dans la *Bethsabée* de Rembrandt, belle seulement par le modelé et par la couleur?

La part que Diderot a faite à la technique semble aujourd'hui insuffisante; cependant, sur ce point encore, s'instruisant en instruisant les autres, il a été des premiers à découvrir à nouveau que, si l'art commence où le métier cesse, le métier est le support de l'art. Au début (Salon de 1761), il avoue qu' « il ne se connaît pas en dessin »; il se risquerait encore à acheter un tableau sur son goût, sur son jugement; s'il s'agit d'une statue, il prendra l'avis de l'artiste. Mais l'aveu n'est pas sans lui coûter : que penserait-il du peintre qui, ayant à juger un écrivain, dirait d'abord : « Je ne connais pas la grammaire »? Il cherche donc des excuses : « J'ai peur que les autres ne s'entendent pas plus en dessin que moi; nous ne voyons jamais le nu; la religion et le climat s'y opposent; les anciens, eux, avaient des bains, des gymnases, peu d'idée de la pudeur, un climat chaud, un culte libertin. »

Cette excuse pourtant ne le satisfait pas : « L'artiste, quand il se défend avec le dessin, n'aurait-il pas raison contre l'homme de lettres? » Deux ans plus tard, il discute à nouveau la question à propos

du portrait. Qu'est-ce qu'un beau portrait? Les
artistes disent que le mérite principal d'un portrait,
c'est d'être « bien dessiné et bien peint ». Les
hommes de lettres, les gens du monde répondent :
« C'est une chose bien douce que de retrouver sur
la toile l'image vraie de nos pères, de nos mères,
de ceux qui ont été les bienfaiteurs de l'humanité.
Entre deux portraits, l'un de Henri IV, mal peint,
mais ressemblant, l'autre d'un faquin de concussion-
naire ou d'un sot auteur peint à miracle, quel est
celui que vous choisirez? » Diderot hésite, puis,
tout à coup faisant un grand pas vers la technique :
« Il faut qu'un portrait soit ressemblant pour moi et
bien peint pour la postérité. » Il croira longtemps
que la peinture d'histoire est supérieure à toutes
les autres, il parle couramment d'un peintre de portraits qui « s'élève à la peinture d'histoire ». Toutefois il se méfie déjà des « grandes machines »;
bientôt, avec son exagération familière, bannissant
de la peinture le Parnasse et la Cène, il s'écriera :
« La toile comme la salle à manger de Varron, jamais
plus de neuf convives! » — Il a, naturellement, le
sens de la vie, de la chair blonde et rose, du sang qui
circule sous l'épiderme : « Mille peintres sont morts
sans avoir senti la chair; mille autres mourront sans
l'avoir sentie. » Il a surtout l'instinct de la couleur.
Il fait la leçon à Hallé : « On dirait que vous avez
barbouillé cette toile d'une tasse de glace aux pista-
ches. » Il décrit la magie de Chardin : « Ce sont des
couches épaisses de couleurs appliquées les unes

sur les autres et dont l'effet transpire de dessous en
dessus. D'autres fois, on dirait que c'est une vapeur
que l'on a soufflée sur la toile; ailleurs une écume
légère qu'on y a jetée. Approchez-vous : tout se
brouille, s'aplatit et disparaît; éloignez-vous : tout
se recrée et se reproduit. » Plus il avance, plus il
se montre exigeant pour le métier. La morale n'est
plus la seule qualité qu'il requiert comme essentielle
à l'artiste; il y faut encore la perspective. Désormais,
à chaque nouveau Salon, il fera des découvertes qui
sont d'un véritable artiste : que la simplicité est l'un
des principaux caractères de la beauté et qu'elle est
essentielle au sublime; que les raccourcis sont
savants, mais rarement agréables; que la noncha-
lance embellit une petite chose et en gâte toujours
une grande. Lui qui veut que la peinture soit vertueuse, il ne veut pas qu'elle vise à l'esprit : « Le
bel esprit est la fin de toutes les qualités dans un
grand artiste. » Au début, il a pu s'amuser de la
manière; il la déteste à présent : elle est dans les
arts ce qu'est la corruption des mœurs chez un
peuple. Il a reconnu de bonne heure que « la largeur du faire est indépendante de l'étendue de la
toile et de la grandeur des objets. Réduisez tant
qu'il vous plaira une Sainte Famille de Raphaël et
vous n'en détruirez point la largeur de faire. »
Écoutez maintenant sa querelle avec La Grenée :
« Lorsque je lui objectai la petitesse et le mesquin de
cette tête de Pompée, il me répondit qu'elle était
plus grande que nature. Que voulez-vous obtenir

d'un artiste qui croit qu'une tête très grande, c'est une grosse tête, et qui vous répond du volume, quand vous lui parlez du caractère? » Il sent encore le mot profond du sculpteur Lemoine : « Il faut trente ans de métier pour savoir conserver une esquisse » ; il écrit lui-même : « *Je sais ce que cela deviendra* est un mot qui n'est que d'un artiste consommé ». Le dessin surtout finit par le préoccuper : « Paul Véronèse se donnait la peine de faire des pieds, des mains ; mais on en a reconnu l'inutilité et ce n'est plus l'usage d'en peindre, quoique ce soit toujours l'usage d'en avoir. » Enfin, dans ses deux derniers Salons, ceux de 1775 et 1781, Diderot renonce entièrement à l'esprit, à la rhétorique, à la littérature ; sous l'influence des peintres et des sculpteurs qui l'ont initié, Chardin et Falconet, il ne s'occupe plus que de la technique et en remontre victorieusement aux hommes du métier. Ses beaux discours d'antan *de omni re scibili* sont remplacés presque exclusivement par des notes comme celles-ci : « Cette jambe est d'un bon pouce trop courte ; ces têtes sont trop grosses, ce qui rend les figures trop courtes ; carnation de pain d'épice ; point de dessin, draperies de bois ; les muscles mastoïdes forment deux cordes qui ont l'air de soutenir la tête avec effort ; les mains sont engorgées ; assez bien dessiné, mais sec. »

Et, peut-être, devant cette métamorphose, allez-vous regretter les scènes tragi-comiques qu'il donnait naguère devant l'*Évanouissement d'Esther* par

Restout : « Il s'agit bien de toucher de son sceptre une femme charmante, adorée et qui meurt de douleur ! Que deviendrais-je si je voyais Sophie dans cet état ! Comme je serais éperdu, quels cris je pousserais ! Mais non, l'insensible et froid monarque ne dit rien de tout cela. Ah ! je ne veux pas régner ! j'aime mieux aimer à mon gré ! » Mais quoi ! vous lui reprochiez de n'être qu'un littérateur : il vous prouve qu'il est autre chose, qu'il est devenu vraiment le « sacristain de l'Église ». Et c'est dans cet aride et fastidieux salon de 1781 qu'il découvre David, qu'il le salue le premier, qu'il proclame avant tous la noblesse naturelle de ses attitudes, « son habileté à jeter des draperies et à faire de beaux plis », la solidité de son dessin. Il s'agit du *Bélisaire*, aujourd'hui au musée de Lille :

> ... Tous les jours je le vois,
> Et crois toujours le voir pour la première fois,

Si Diderot n'a accordé que sur le tard à l'orthographe et à la grammaire de la peinture toute l'attention qui convient, il a eu, dès le début, un sentiment très vif de la composition. La composition n'est pas le sujet, c'est l'art d'interpréter un ensemble, et qu'il s'agisse d'un portrait ou d'une scène historique, d'une nature morte ou d'un paysage, il en parle à merveille. Ce n'est point qu'il refasse toujours avec autant de bonheur que d'esprit et d'allègre fantaisie la composition des tableaux. Un tableau recommencé sur ses indications restera le

plus souvent un méchant tableau ; ses projets de
statuaire ressemblent à des gâteaux montés. Encore
Greuze, La Grenée et Chardin assuraient que « les
images pouvaient passer sur la toile presque comme
elles étaient ordonnées dans sa tête ». Mais il a
d'abord un sentiment très rare de l'unité : ce qu'il
appelle la *force de l'unité* n'a peut-être jamais été
mieux senti et rendu plus sensible que par lui.
Dégager le morceau principal à son plan et en pleine
lumière, subordonner le détail à l'ensemble, lier
toutes les parties du tableau dans une seule harmonie, il revient sans se lasser et avec une abondance toujours nouvelle d'arguments et d'images
sur ces nécessités de la composition. « L'unité du
tout naît de la subordination des parties, et de cette
subordination naît l'harmonie qui suppose la variété. » Il montre comment « les accessoires trop
soignés rompent l'équilibre », « comment il faut
être clair n'importe par quel moyen ». La plume à
la main, il n'a jamais eu le temps de composer : ses
ouvrages sont une suite de digressions enfilées au
hasard de l'inspiration comme un collier de perles
baroques ; il n'a pas fait un seul livre. Mais l'artiste
qui, le pinceau à la main, suit son exemple,
n'échappe point à sa sévérité : « Voilà trois groupes
que rien ne lie ; il y a de quoi découper dans ce
tableau trois éventails ». Il se peut que chacun de
ces trois éventails soit beau ; mais ce tableau lui-
même est détestable, ce n'est pas un tableau. Il
maltraite plus durement encore les *Grâces* de Van

Loo : « Parce que ces figures se tiennent, le peintre
a cru qu'elles étaient groupées. » Et avec une belle
véhémence : « Que font-elles-là? Je veux mourir
si elles en savent rien. Elles se montrent. Ce n'est
pas ainsi que le poëte les a vues. » Il a pareillement
le sentiment du cadre, du décor. Aucun de nos des-
cripteurs les plus vantés n'a mieux fait voir que
lui, avec plus de charme et de puissance, d'une
touche plus large et plus expressive, le paysage où
se détache une grande scène. Il s'agit du jugement
de Pâris :

Que la scène se passe au bout de l'univers; que l'horizon
soit caché de tous côtés par de hautes montagnes; que tout
annonce l'éloignement des regards indiscrets; que de nombreux troupeaux paissent dans la prairie et sur les coteaux;
que le taureau poursuive en mugissant la génisse; que deux
béliers se menacent de la corne pour une brebis qui paît
tranquillement auprès; que tout ressente la présence de
Vénus et m'inspire la corruption du juge : tout, excepté le
chien de Pâris que je ferai dormir à ses pieds.

Enfin, ce moment du peintre et du sculpteur qui
ne peut pas être le même que celui du poëte, ce
moment fugitif, « indivisible », Diderot l'arrête net
au passage, comme le bon tireur son gibier. Le
poëte a la liberté de décrire les mouvements successifs des corps et des âmes; le peintre, le sculpteur,
doit les saisir au moment où l'action a atteint son
maximum d'intensité dans son maximum de clarté.
Tout le *Laocoon* de Lessing est en germe dans la page
fameuse de la *Lettre sur les Sourds-Muets*, quand
Diderot démontre que « ce qui fait bien en peinture

fait toujours bien en poésie, mais que cela n'est pas réciproque ». L'une des plus belles images de Virgile, l'apparition majestueuse de la tête de Neptune au-dessus des flots, donnerait, traduite en peinture, le plus déplaisant des tableaux.

Presque tout ce que Diderot a écrit de la composition est excellent ; quelque importance que la technique ait dans les arts plastiques, le dessin et la couleur n'y sont pas tout ; ce reste, qui est tout simplement l'âme même de l'œuvre d'art, Diderot le sent profondément. Seulement, s'il a raison sur ce point contre l'école matérialiste de l'art pour l'art, contre les hommes de métier qui ne sont que des hommes de métier, des artisans et non des artistes, le sujet lui-même le préoccupe à l'excès et c'est par là qu'il offre prise. Qu'est-ce que le sujet ? C'est, j'imagine, l'objet que le peintre ou le sculpteur se propose de reproduire. Si l'artiste, par exemple, se propose exclusivement de me montrer une tête de femme, j'ai le droit de lui demander de faire choix d'un beau modèle, parce qu'un beau modèle me fait plus de plaisir qu'un vilain ; mais, cette réserve faite, que la tête soit belle ou laide, si la reproduction de cette tête est vraiment le seul objet de l'artiste, ma critique ne peut porter à bon droit que sur l'exécution, c'est-à-dire sur l'interprétation qui résulte du dessin et du modelé, de la lumière et du coloris. Que si l'artiste, au contraire, a l'ambition de me montrer Andromède, alors mes exigences augmentent ou plutôt c'est lui-même, de son propre fait, qui les a

accrues. Il ne me suffit plus alors que la femme nue
qu'il a liée au rocher soit bien dessinée, bien mode-
lée, bien peinte et bien éclairée ; il faut encore que,
frissonnant de peur à l'approche du monstre, ou
de joie à l'arrivée de Persée, elle réponde par sa
beauté, son mouvement, son attitude et son émotion,
à l'idée que l'artiste m'a annoncée par l'étiquette de
son tableau et qu'il a évoquée dans mon esprit
nourri de mythologie. En résumé, pourvu que l'exécution soit parfaite, libre à lui de ne me montrer
qu'une tête de vieille mendiante, un bœuf à l'étal ou
un simple chaudron. Rembrandt et Chardin n'ont
pas eu d'autres sujets pour des tableaux qui sont
des chefs-d'œuvre. Mais quand l'artiste m'annonce
la Vénus ou la Madeleine, alors la seule beauté de
l'exécution ne me suffit plus et je hausse mes exigences au niveau même de sa prétention.

Est-ce ainsi qu'il faut comprendre le sujet ? En
tout cas, ce n'est pas ainsi que Diderot le comprend.
Alors que pour les Italiens de la Renaissance, le
véritable objet de l'art, c'est le corps humain, c'est
de bien faire un homme et une femme nus, pour lui,
c'est l'histoire et même l'historiette ; il faut une
action pour l'intéresser. La forme, chez lui, est toujours étouffée par l'idée, comme un arbre par une
végétation de lianes. Il veut d'abord qu'un tableau
fasse penser. Au début du Salon de 1767, il dialogue avec Naigeon : « Que dites-vous de tout cela ?
— Rien. — Comment, rien ? — Non, rien, rien du
tout : est-ce que cela fait penser ? » Penser, penser

à quoi? Diderot explique lui-même comme il l'entend. Un tableau d'Hubert Robert représente des ruines, une rotonde, un obélisque, une fontaine et des marchandes d'herbes sous les arcades d'une grande fabrique. « Pourquoi, demande le philosophe, pourquoi ne lit-on pas, en matière d'enseigne, au-dessus de ces marchandes d'herbes : *Divo Augusto, divo Neroni* ? Pourquoi n'avoir pas gravé sur cet obélisque : *Trigesies centenis millibus hominum cæsis, Pompeius?* » Et, sans laisser au pauvre Robert le temps de répondre qu'il a simplement cherché à rendre un coin de paysage, à l'éclairer de son mieux, à bien échelonner ses plans et ses personnages :

Cette dernière inscription, s'écrie Diderot, réveillerait en moi l'horreur que je dois à un monstre qui se fait gloire d'avoir égorgé trois millions d'hommes. Ces ruines me parleraient. Je m'entretiendrais de la vanité des choses de ce monde, si je lisais au-dessus de la tête d'une marchande d'herbes : Au divin Auguste, au divin Néron, et de la bassesse des hommes qui ont pu diviniser ce lâche proscripteur, ce tigre couronné. Voyez le beau champ ouvert aux peintres de ruines, s'ils s'avisaient d'avoir des idées.

Ainsi, ce que ces mots : faire penser, signifient pour lui, quand il les applique à la peinture, c'est que le tableau doit prêter à déclamation; *ut declamatio fiat*. Le paysage, bien ou mal éclairé, bien ou mal dessiné, offre-t-il ou non l'impression vague et triste des campagnes désolées et de la ruine ? Il faut d'abord que le tableau donne aux philosophes l'occasion « de déverser leur bile sur les dieux, les prêtres, les tyrans et tous les imposteurs du monde ».

Le peintre ingénu ayant négligé d'orner d'une inscription latine un pan de mur au-dessus d'une vieille
femme, le tableau est dénué d'intérêt; il ne fait point
penser. Quand le marquis de Presles montre à son
beau-père un paysage représentant neuf heures du
soir, en été, dans les champs : « Ça n'est pas intéressant, ce sujet-là, s'écrie Poirier, ça ne dit rien!
J'ai dans ma chambre une gravure qui représente un
chien au bord de la mer, aboyant devant un chapeau
de matelot.... A la bonne heure! ça se comprend,
c'est ingénieux, c'est simple et touchant! » Avec son
génie, Diderot raisonne-t-il autrement que M. Poirier?

Encore s'il se contentait des tableaux qui font
penser! Mais une fois sur cette pente, il ne s'arrête
pas; il veut bientôt qu'un tableau soit une leçon de
morale. « Quoi donc! le pinceau n'a-t-il pas été
assez et trop longtemps consacré à la débauche et
au vice! Courage, mon ami Greuze, fais de la
morale en peinture! » Et le voilà s'échauffant à perte
d'haleine sur ce thème. Le projet de tout honnête
homme qui prend le pinceau — l'auteur des *Bijoux
indiscrets* ajoute même : « et la plume », — c'est de
rendre la vertu aimable, le vice odieux et le ridicule
saillant. Nos pédagogues modernes ont inventé la
morale en action; il préconise la morale en couleur.
De là, sans doute, tant de pages délicieuses sur ce
Greuze, « votre peintre et le mien, le premier qui se
soit avisé parmi nous de donner des mœurs à l'art
et d'enchaîner ces événements d'après lesquels il

serait facile de faire un roman »; de là, sur le *Fils
ingrat*, le *Fils puni*, la *Mère bien-aimée*, tous ces
petits récits, alertes et parfumés d'émotion, qui
sont devenus bien supérieurs à leurs modèles. Pour
vif que soit le charme de ces histoires si joliment
contées, le genre d'anecdotes qu'elles célèbrent
glisse vite vers un peu de niaiserie. Devant un tableau
de Le Prince : « Portrait d'une jeune fille quittant
les jouets de l'enfance pour se livrer à l'étude », il
s'impatientera lui-même : « Tableau médiocre, mais
excellente leçon pour un enfant! » Il y a donc trop
de Berquin dans cet émule de Crébillon le fils, et
quel Berquin au surplus qui, même en pleine vertu,
reste vicieux et libertin! Écoutez-le devant la *Mère
bien-aimée* : « Cela est excellent et pour le talent
et pour les mœurs. Cela prêche la population et
peint très pathétiquement le bonheur et le prix ines-
timable de la paix domestique. Cela dit à tout homme
qui a de l'âme et des sens : Entretiens ta famille dans
l'aisance, fais des enfants à ta femme, fais-lui en tant
que tu pourras, n'en fais qu'à elle et sois sûr d'être
bien chez toi! » Où la vertu va-t-elle se loger? Évidemment cet honnête et familial libertinage donne
une idée très exacte de Greuze dont le dessin, dans
ces douces scènes domestiques, caresse trop savam-
ment, sous les mouchoirs de batiste et les fins
corsages d'indienne, les contours onduleux et les
formes arrondies. Dans le poème de la jeune fille qui
pleure son oiseau mort, Diderot encore ne traduit
pas avec moins de fidélité la toile de boudoir où la

jeune fille n'est plus vierge, où l'oiseau n'est pas
un oiseau. Mais ne trouvez-vous pas quelque chose
d'également vilain, chez le peintre et chez l'écrivain,
à cette vertu qui devient une enseigne de plaisir, à
cette jatte de lait aux cantharides?

Pour une âme pure, tout est pur; rien ne l'est aux
yeux de Diderot. Pour une page vraiment exquise
sur ces gens « qui ne savent pas que les paupières
fermées ont une espèce de transparence, qui n'ont
jamais vu une mère venant la nuit voir son enfant au
berceau, une lampe à la main, et craignant de l'éveiller », que de laides grossièretés entre deux bouffées
de morale! Pesez cette prétendue confession : « Je
ne suis pas un capucin ; j'avoue toutefois que je sacri-
fierais volontiers le plaisir de voir de belles nudités,
si je pouvais hâter le moment où la peinture et la
sculpture songeront à concourir, avec les autres
beaux-arts, à inspirer la vertu et à épurer les
mœurs ». Épurer les mœurs par la peinture, c'est,
nous le savons, raconter en couleur des drames
de famille, des apologues, le théâtre bourgeois de
Diderot. Mais quel est bien le genre de plaisir qu'il
éprouve devant de belles nudités? Il n'y a pas moyen
de l'en défendre : c'est le plus bas, la vulgaire exci-
tation des sens. Dans la nudité, il ne voit que la
promesse du plaisir. « Ces objets séduisants con-
trarient l'émotion de l'âme par le trouble qu'ils jettent dans les sens. » L'aveu seul est une condamnation. « Je regarde Suzanne, et, loin de ressentir
de l'horreur pour les vieillards, peut-être ai-je désiré

être à leur place. » Il regarde ainsi, en louchant, toutes les Vénus et toutes les Galatées. Le faune en rut, la main tendue à l'affût des blondes tresses, poursuivant, comme le chasseur la biche, la nymphe dans le taillis et la napée sous l'onde, le faune, jeune, ardent et beau, n'a rien qui répugne : il est dieu, il est une force, une force de la nature. Or Diderot n'est point cet Ægipan, c'est Silène fatigué. Même plus jeune, malgré ses amplifications de rhétoricien sur la statuaire grecque et romaine, a-t-il éprouvé le beau et noble sentiment antique du nu? Il sait assurément ce qui distingue le déshabillé du nu ; peut-être même a-t-il été le premier à formuler cette vérité devenue banale :

Une femme nue n'est point indécente, c'est une femme troussée qui l'est... Supposez devant vous la *Vénus de Médicis* et dites-nous si sa nudité vous offensera. Mais chaussez les pieds de cette Vénus de deux petites mules brodées ; attachez sur son genou, avec des jarretières couleur de rose, un bas blanc bien tiré ; ajustez sur sa tête un bout de cornette ; et vous sentirez la différence du décent et de l'indécent. C'est la différence d'une femme qu'on voit et d'une femme qui se montre.

Mais c'est seulement son intelligence qui découvre à Diderot ces vérités ; il ne les sent point dans les profondeurs de son être, et, les exposant, il reste graveleux. Dans le domaine de l'art, l'instinct est supérieur à l'intelligence. Ce protagoniste ardent et souvent magnifique de la nature n'a pas réussi à s'émanciper de son siècle ; il reste essentiellement, comme lui, raffiné et corrompu. Les prétendues

vierges de Greuze n'ont de l'innocence que le ragoût
du fruit vert : il se délecte à ce piment. Et quand il
proteste, toujours, bien entendu, au nom de la
morale, sans subir la magie de leur art, contre les
blondes visions de Fragonard et de Boucher, sa protestation, copieusement et lourdement descriptive,
est cent fois plus indécente que la polissonnerie dont
il s'effarouche, dieu des jardins vieilli qui se voile-
rait la face devant une gamine au bain. Pour dési-
gner les différentes parties du corps humain, même
devant un tableau de sainteté, il va toujours à l'expression la plus triviale, la plus sale, qui lui paraît
« la plus simple ». Il éprouve régulièrement un
besoin maladif de traduire en français l'épithète de
la Vénus Callipyge. De sa source à son embouchure,
ce grand fleuve ne cesse pas de rouler l'ordure dans
le cristal.

Si l'on est curieux de chercher la cause de tant
d'inutile grossièreté, il faut la trouver dans une
vérité qui a l'apparence du paradoxe : c'est que
Diderot, naturaliste et matérialiste en philosophie,
est spiritualiste en art au lieu d'être sensualiste.
L'artiste, en effet, ne voit dans les formes que des
formes : « Après cela, dit Cellini, tu dessineras l'os
appelé *sacrum*; il est très beau ». Qu'est-ce que
Cellini trouvait de beau dans le sacrum? Cela ne
se définit point, cela se sent et Diderot ne le sent
pas. Une belle nudité n'inspire à l'artiste que le sentiment, qui est très pur, du beau, des belles lignes,
des belles formes. Diderot, devant le nu, cherche

l'esprit. Le sentiment plastique, en résumé, lui fait
défaut, cette sensation physique et, pour ainsi dire,
mécanique, dont l'artiste vrai est ému en présence
d'une belle œuvre d'art, sensation pure comme la
matière elle-même et que l'esprit seul peut troubler
et vicier. — Et puis Diderot, jusqu'à son voyage en
Russie, n'a jamais quitté Paris que pour Bourbonne
et Langres; il ne connaît ni l'Italie ni la Grèce, il
n'a qu'une idée vague de la Renaissance; il a vu
trop peu de chefs-d'œuvre, son éducation artistique
est par trop incomplète : il n'a pas salué, dans son
sanctuaire même, la Beauté. Lui-même d'ailleurs en
convient, pleure de n'avoir point fait le voyage aux
pays de lumière « où son âme se serait ouverte sans
réserve, eût versé toutes ces pensées retenues, tous
ces sentiments secrets, tous ces mystères de la vie
dont l'honnêteté scrupuleuse interdit la confidence
à l'amitié même la plus intime et la plus réservée ».
Il n'a pu que deviner, il n'a fait qu'entrevoir à l'horizon la Terre Promise. — Lisez les pages où il a
esquissé cette histoire délicate et charmante, la formation de l'idéal de beauté chez les anciens; toute
l'invocation encore à la « ligne vraie ». — Mais
quoi ! il ne lui a pas été donné de faire le voyage
révélateur, de pénétrer dans le temple dont, triste-
ment, il n'a pu qu'indiquer le chemin à ses héritiers,
plus heureux que lui. « Connaît-on Virgile et Homère
quand on a lu Desfontaines et Bitaubé? » Il n'avait
lu que Bitaubé.

Faut-il essayer maintenant de juger ses jugements

sur les artistes et sur leurs œuvres? On l'a fait vingt
fois, mais à quoi bon? Si je dis d'un critique qu'il
est plein de sens et de goût, cela signifie surtout
que je vois les choses et que je les apprécie comme
lui. Quand Diderot écrit qu' « il donnerait dix Wat-
teau pour un Téniers », vous qui avez aimé aux bords
fleuris de l'*Ile Enchantée* et rêvé à l'infini de son
ciel, vous protestez, mais quel collectionneur flamand
n'applaudira pas? Quand il devine David et célèbre
La Tour, si j'admire la sûreté de son jugement, c'est
que je le partage. Autant de natures d'esprit, autant
de goûts divers; autant de couches sociales, autant
de manières de voir et de sentir. « Ce que *nous
aimons* le moins de Greuze, a écrit un contemporain,
était justement ce qui touchait le plus Diderot : le
drame sentimental et domestique. » *Nous*, combien
sommes-nous? Sur cinq mille visiteurs qui iront
dimanche au Louvre, vous compterez sur les doigts
de la main ceux qui ne pensent pas aujourd'hui
encore comme Diderot. Et qu'est-ce enfin qu'un
jugement ratifié par la postérité? Carrache et Guide
ont trôné pendant deux siècles à côté de Raphaël :
où sont-ils descendus aujourd'hui? Mais qui peut
dire qu'ils ne remonteront pas demain?

Aussi bien, à cause de sa sincérité même et de sa
spontanéité, rien de plus capricieux que les jugements de Diderot : au Salon, comme ailleurs, il reste
l'homme de toutes les contradictions qu'il développe
avec la même fougue et le même éclat. Il dira ainsi
alternativement de Boucher qu'il est l'Arioste de la

peinture, et qu'il n'est même point dans son genre
ce que Crébillon fils est dans le sien, qu'il est un
faux bon peintre comme on est un faux bel-esprit et
qu'il a surmonté comme pas un les difficultés de la
peinture. Aucun système, aucune idée préconçue ;
il vous raconte ses impressions successives. Sa première impression devant tel tableau du même Boucher, c'est que le peintre abuse du détail ; il s'en
explique avec sa véhémence ordinaire : « Quand on
écrit, faut-il tout écrire ? Quand on peint, faut-il tout
peindre ? De grâce, laissez quelque chose à suppléer
pour mon imagination ! » Mais qu'au moment même
où il disserte avec le plus de sévérité, le charme du
peintre opère, il ne s'en défend ni s'en cache : « Quel
tapage d'objets disparates ! On en sent toute l'absurdité : avec tout cela, on ne saurait quitter le tableau. Il
vous attache, on y revient : c'est une vue si agréable ! » Savoir admirer, n'en point rougir, est la qualité la plus rare du critique ; c'est la sienne et, naturellement, il l'exagère : il crie tout suite : « Beau !
sublime ! divin ! je verse mille pleurs ! » et se complaît dans ces effusions : « La sotte occupation que
celle de nous empêcher sans cesse de prendre du
plaisir ou de nous faire rougir de celui que nous avons
pris ! » Au début de ses promenades artistiques, il a
porté la même violence dans le blâme et s'écriait à
chaque instant : « A effacer avec la langue ! Hors le
Salon ! Au pont Notre-Dame ! » A mesure seulement
qu'il a pénétré les difficultés du métier, il est devenu
plus indulgent : « De la douceur, lui a dit un jour

Chardin. Entre tous les tableaux qui sont ici, cherchez les plus mauvais, et sachez que deux mille malheureux ont brisé leur pinceau entre leurs dents de désespoir de faire jamais aussi mal. » Cette parole lui est entrée dans l'âme.

Enfin, que l'on partage ou non ses opinions sur la peinture et sur les peintres, voici qui n'est pas contestable : il a retrouvé pour ses contemporains qui l'avaient oublié le grand principe qui domine l'Art à travers les âges : Allez à la nature ! Il a dégagé de l'Antiquité autre chose que la mythologie païenne « où se jetaient les peintres de son temps » ; mais il ne s'en est pas tenu là. Cette ligne idéale, cette ligne vraie des sculpteurs grecs, il ne suffit pas de la copier ; c'est de l'étude patiente et raisonnée de la nature que les anciens l'ont dégagée ; encore et toujours, il faut recommencer la même étude. Cet impérieux conseil est le fil conducteur de l'admirable *Essai sur la peinture* que Gœthe a traduit et commenté. Le premier, il se révolte contre l'Académie, contre un enseignement bon à peine à faire de froids copistes et des imitateurs glacés ; révolutionnaire dans l'âme, il ouvre les portes des ateliers à deux battants sur la vie extérieure et en casse les vitres sur la nature qu'il appelle. Le modèle, le modèle d'atelier, voilà l'ennemi !

Ces sept ans passés à l'Académie à dessiner d'après le modèle, les croyez-vous bien employés ? C'est là, pendant ces sept pénibles et cruelles années, qu'on prend la manière dans le dessin. Toutes ces positions académiques, contraintes, apprêtées, arrangées, toutes ces actions froidement et gauchement exprimées par un pauvre diable, et toujours par le même pauvre diable, payé pour venir trois fois la semaine se déshabiller et se faire mannequiner par un professeur, qu'ont-elles de commun avec les positions et les actions de la nature? Qu'ont de commun l'homme qui tire de l'eau dans le puits de votre cour et celui qui, n'ayant pas le même fardeau à tirer, simule gauchement cette action, avec ses deux bras en haut, sur l'estrade de l'école? Qu'a de commun celui qui fait semblant de se mourir là avec celui qui expire dans son lit ou qu'on assomme dans la rue? Qu'a de commun ce lutteur d'école avec celui de mon carrefour? Rien, mon ami, rien.... Cependant la vérité de la nature s'oublie; l'imagination se remplit d'actions, de positions et de figures fausses, apprêtées, ridicules et froides. Elles y sont emmagasinées; et elles en sortiront pour s'attacher à la toile. Toutes les fois que l'artiste prendra ses crayons ou son pinceau, ces maussades fantômes se réveilleront, se présenteront à lui; et ce sera un prodige s'il réussit à les exorciser pour les chasser de sa tête. J'ai connu un jeune homme plein de goût qui, avant de jeter le moindre trait sur sa toile, se mettait à genoux et disait : « Mon Dieu! délivrez-moi du modèle! »

Et Diderot de se camper hardiment sur le chemin du Louvre où passent, avec leur portefeuille sous le bras, les jeunes élèves :

Mes amis, laissez-moi cette boutique de manières! Allez-vous-en aux chartreux : et vous y verrez la véritable attitude de la piété et de la componction! Allez-vous-en à la ginguette et vous y verrez l'action vraie de l'homme en colère! Cherchez les scènes publiques; soyez observateur dans les rues, dans les jardins, dans les marchés, dans les maisons, et vous y prendrez des idées justes du vrai mouvement dans les actions de la vie. Autre chose est une attitude, autre chose une action. Toute attitude est fausse et petite; toute action est belle et vraie.

« Allez aux chartreux! Allez à la guinguette! » Quand Diderot n'aurait donné aux artistes de son

temps et de tous les temps que ce conseil, il suffirait
à sa gloire d'esthéticien. Car ce qu'il veut dire, ce
qu'il rappelle à un siècle qui allait l'oubliant, c'est
que les deux sources éternelles de l'Art sont la
nature et la vie.

CHAPITRE V

THÉATRE

Comme la peinture, Diderot s'est proposé de ramener le théâtre à la nature et à la vie, et, par là, il a préparé dans l'art dramatique une révolution encore plus sociale que littéraire, qui n'a pas seulement élargi la scène. Certes sa poétique est encombrée de fatras; surtout l'application qu'il a faite lui-même de ses théories risquait d'écraser sous l'ennui ce qu'il y avait dans sa conception de plus hardi et de plus juste. Mais il n'en reste pas moins qu'il a fait entendre le premier cette protestation : que la scène doit s'ouvrir à d'autres douleurs et à d'autres amours que ceux des rois et des reines ; que les bourgeois et les ouvriers même ont, eux aussi, des passions et des larmes; que ces larmes ne sont pas moins touchantes, que ces passions ne sont pas moins vives; et que, dès lors, entre la comédie, vengeresse plaisante des vices,

et la tragédie, hautaine interprète des catastrophes
royales, il y avait place pour un troisième genre :
le drame du cœur chez les hommes de toute condition et de toute classe.

Diderot a-t-il abordé l'art dramatique avec l'inten-
tion de le démocratiser et d'y proclamer une égalité
qui ne tarderait pas à passer de la scène à la société ?
Ces préméditations ne s'inventent qu'après coup,
les *Entretiens avec Dorval* ne sont que la dernière
étape d'un long voyage. La première fois qu'il a
traité des questions de théâtre, il ne s'est occupé,
en effet, que du jeu des acteurs, par suite, « de
l'avantage de ramener à la scène quelque simplicité
et quelque souci du vrai ». Seulement, ayant mis la
main sur cette pelote, il l'a dévidée jusqu'au bout.

« A-t-on jamais parlé comme nous déclamons ?
Les princes et les rois marchent-ils autrement
qu'un homme qui marche bien ? Les princesses pous-
sent-elles en parlant des sifflements aigus ? » Voilà,
dans l'un des rares chapitres lisibles des *Bijoux
indiscrets*, l'origine des observations de Diderot
sur le théâtre. La critique est en apparence modeste ; les interprètes seuls sont en cause ; on les
engage simplement à ne pas enfler la voix, à marcher et à parler comme tout le monde. Méfiez-vous
cependant, pour peu que vous ayez appris à connaître ce furieux logicien avec qui le commencement est toujours la moitié du tout. Il ne s'est
adressé hier qu'aux acteurs ; son amorce posée, il
observera demain que les auteurs, par les sujets

mêmes qu'ils traitent et par leur style, sont bien
aussi pour quelque chose dans cette emphase des
comédiens et dans leur démarche empesée. Par conséquent, il conviendrait de les rappeler, eux aussi,
à l'observation de la même règle souveraine qui est
la Nature.

Si le théâtre, comme les autres arts, a sa perspective propre qui n'est pas identique à celle de la
nature et si l'auteur dramatique doit chercher à
exprimer la nature ou s'il peut se contenter de la
copier, Diderot au surplus ne s'embarrase pas pour
si peu : il a trouvé une formule, il ne s'agit plus
que de lui faire produire tout ce qu'elle peut donner.
Il procède, d'ailleurs, sinon avec méthode, du moins
avec prudence et demande modestement, pour commencer, qu'on revienne à la simplicité de l'art grec.
Qu'entend-il toutefois par cette simplicité et quel
exemple va-t-il emprunter à Sophocle? Il va tout
droit à la caverne de Philoctète : « Approchez-vous,
s'écrie-t-il triomphalement, ne perdez pas un mot
de ses plaintes et dites-moi si rien vous tire de l'illusion. » Le sauvage, en effet, qui vient de débarquer
du Congo et qu'il a mené à la comédie pour en faire
le grand juge du théâtre, ne comprend rien aux
personnages de la tragédie classique qui parlent un
langage rimé et cadencé; « il doit m'éclater au nez
dès la première scène ». Mais un malade, entouré
de bandelettes et qui gémit en se traînant : « Apap-
papaï, papa, papa, papa, papaï! » voilà ce que
l'indigène africain n'aura pas de peine à saisir. Dès

lors la conclusion s'impose : pour que l'événement soit représenté « de la manière la plus naturelle », moins de discours, mais plus de cris, moins de paroles, mais plus de gestes. C'est la pantomime, dira-t-on. Pourquoi pas? N'est-elle pas une portion du drame? Les anciens n'en avaient-ils point fait un art dont ils surent développer toutes les ressources? Parle-t-on autant que cela dans la vie réelle? Est-ce que beaucoup de sentiments ne s'expriment point par les attitudes, par les gestes, par le silence même? Par suite, s'il est entendu que ce qui nous affecte dans le spectacle de l'homme animé d'une grande passion, c'est quelquefois le discours, mais toujours les cris, les mots inarticulés, les voix rompues, des monosyllabes qui échappent par intervalles et « je ne sais quel murmure entre les dents », il faut renoncer au vers alexandrin, « trop nombreux et trop noble pour le dialogue »; La Chaussée, s'arrêtant à mi-route, a continué à faire parler ses personnages en vers; il faut parler en prose. « L'emphase de la versification convenait aux anciens, à leurs langues à quantité forte et à accent marqué, à des théâtres spéciaux, à une déclamation notée et accompagnée d'instruments »; mais nous convient-elle encore? D'illustres tragiques ont su tirer de l'ancien système de merveilleux chefs-d'œuvre; « Corneille et Racine ont reçu les plus grands applaudissements auxquels des hommes de génie puissent prétendre »; mais ils ont épuisé la mine, ne laissant plus à leurs successeurs que le choix

entre la médiocrité et la bizarrerie, le plagiat et
l'extravagance. Enfin, si nous sommes décidément
amenés à ne plus employer au théâtre que la langue
même dont nous nous servons tous les jours, pourquoi ne pas faire un pas de plus dans cette voie de
la nature et ne point emprunter désormais le sujet
de nos tragédies aux douleurs qui sont voisines de
nous et aux malheurs qui nous environnent?

Quoi? vous ne concevez pas l'effet que produiraient sur
vous une scène réelle, des habits vrais, des discours proportionnés aux actions, des actions simples, des dangers dont
il est impossible que vous n'ayez tremblé pour vos parents,
vos amis, pour vous-même? Un renversement de fortune, la
crainte de l'ignominie, les suites de la misère, une passion
qui conduit l'homme à la ruine, de la ruine au désespoir, du
désespoir à une mort violente, ne sont pas des événements
rares; et vous croyez qu'ils ne vous affecteraient pas autant
que la mort fabuleuse du tyran ou le sacrifice d'un enfant
aux autels des dieux d'Athènes et de Rome?

Voilà donc le terme de la savante progression :
Diderot, ne s'adressant d'abord qu'aux comédiens,
leur a commandé au nom de la nature de marcher et
de parler comme tout le monde; mais, partant, il est
indispensable que les poètes, eux aussi, ne s'inspi-
rent que de la nature, où les hommes ne parlent
pas en vers, où les passions ne soufflent pas seulement sur les sommets historiques; et le jour où il
a décrété ainsi ces nouveautés, sous prétexte de
revenir à la simplicité de l'art, c'est le théâtre
moderne qu'il a fondé. La scène, jusqu'à lui, était
divisée en deux compartiments : l'un, la tragédie,

réservée aux grands et aux rois, seuls dignes
d'émouvoir le public au récit de leurs aventures,
d'inspirer la pitié ou l'horreur ; l'autre, la comédie,
où tous les ridicules étaient bourgeois et tous les
vices étaient peuple ; Diderot culbute la cloison. Et
Voltaire lui-même aura beau protester, avec une
moue d'aristocrate, « qu'il peut arriver des aventures très funestes à de simples citoyens, mais que
cependant elles sont bien moins attachantes que
celles des souverains dont le sort entraîne celui des
nations » ; Diderot, plus enflammé que jamais, continue à appeler sur la scène tragique, à côté des
princes et des nobles, seuls privilégiés jusqu'alors
pour les belles souffrances du théâtre comme pour
les biens du monde, le tiers état relégué, depuis
des siècles, dans les bas-fonds de la comédie et de
la farce. Aujourd'hui, plus de genres tranchés à la
scène ; demain, dans l'ordre social, plus de classes.

La première fois qu'il rencontra Diderot chez le
maréchal de Luxembourg, le marquis de Mirabeau
déclara, avec un effroi joyeux, qu' « il l'avait déjà vu
parmi ceux qui tenaient le haut du temple, lors du
dernier siège de Jérusalem », et, dans la rébellion
de Naples, « Masaniello tout craché ». En effet,
l'instinct de toutes les révoltes est en lui, et, quelque
sujet qu'il agite, il sort toujours de son siècle
le corps tendu et comme précipité vers l'avenir.
Ici encore, révolutionnaire éclos d'un esthéticien,
il reçoit en plein visage les premiers rayons du
jour nouveau. Et l'on peut contester tous les chaî-

nons du raisonnement qui ont conduit Diderot à ce théâtre nouveau, drame bourgeois, tragédie domestique ou comédie sérieuse, qui jette au rebut les grands socques et les hauts cothurnes; mais l'œuvre même était évidemment nécessaire et elle a été utile et juste autant que bonne. Alors même que vous resterez de cœur dans le pur et noble Parthénon de la tragédie comme dans le sanctuaire même de l'art parfait, vous ne nierez point d'abord que ce genre nouveau soit, lui aussi, un art, puisqu'il appelle à la vie de la rampe des émotions et des sensations qui nous touchent de plus près. Vous regrettez l'harmonieuse beauté de ce théâtre architectural où l'on entre comme dans un temple, où les passions les plus violentes, sous le rayon qui les enveloppe, paraissent des vertus, où les personnages ont la noblesse des statues et s'expriment en musique. Mais la copie, même des chefs-d'œuvre, n'est qu'une industrie, ce n'est point un art. Dès lors, à moins de se résigner au silence, il fallait bien chercher à gagner du côté de la vérité ce qu'il n'y avait plus à poursuivre dans le champ de la beauté classique. Cette race d'Agamemnon, qui ne devait jamais s'éteindre, avait fini cependant; non seulement la moisson était faite, mais les dernières glanes étaient encore ramassées, après quoi il ne restait plus que la terre nue. Il fallait donc querir de nouvelles semailles : où les trouver, à défaut du grenier gréco-romain désormais épuisé, sinon dans l'inépuisable réserve de la vie humaine? Les dieux et les demi-dieux étant morts, s'obstiner à évoquer les Atrides et les Césars, c'était condamner la scène à ne plus voir passer que des ombres de plus en plus pâles, des mannequins exsangues et sans souffle. Pour rendre une âme à la scène où s'étiolaient les dernières Électres avec les derniers Idoménées, il était nécessaire d'y amener des héros nouveaux qui seraient tout simplement des hommes, moins beaux apparemment et moins nobles, mais avec du sang plein les veines et des cœurs qui seraient autre chose que des mécaniques montées sur le même modèle. La légende est vidée, mais voici la vie humaine; quelque lambeau que vous en empoigniez avec force [1], vous ferez naître l'intérêt. Le rayonnement de l'histoire manque à ces bourgeois, mais ils ont deviné que le tremplin le plus élastique pour lancer dans la société des idées novatrices, soit en morale, soit en législation, c'est le théâtre. « J'ai toujours pensé, prédit Diderot, qu'on discuterait un jour à la scène les points de morale les plus importants et cela sans nuire à la marche violente et rapide de l'action dramatique. Quel moyen que le théâtre si le gouvernement en savait user et qu'il fût question de préparer le changement d'une loi ou l'abrogation d'un usage! » — Où s'est décidée sous nos yeux la victoire du divorce? — Et qui donc, par conséquent, de Beaumarchais à Émile Augier et à Dumas, de Lessing à Ibsen, ne procède pas de Diderot?

1. *Greift nur hinein ins bunte Menschenleben* (Gœthe).

Le piège le plus fâcheux que l'amour-propre puisse tendre au critique, c'est de lui murmurer à l'oreille : Appuie les thèses par la pratique. C'est ce piège où Diderot est tombé. Il a cru être « l'homme de génie qui, sentant l'impossibilité d'atteindre ceux qui l'ont précédé dans une route battue, se jettera de dépit dans une autre ». Critique d'art, il avait la manie de refaire les tableaux et les statues dont il parlait ; mais ce n'était que sur le papier et il laissait l'ébauchoir et le pinceau à ceux qui avaient appris à les manier. Critique de théâtre, il n'a pas eu la même prudence, bien que l'optique de la scène soit une perspective qu'il n'est pas moins difficile d'apprendre ; l'abbé Arnaud lui disait en vain : « Vous avez l'inverse du talent de l'auteur dramatique ; il doit se transformer dans les personnages, et vous les transformez en vous. »

Les tableaux de Diderot, s'il avait eu la témérité de prêcher d'exemple sans aller à l'école, eussent été pareils aux dessins que les enfants charbonnent sur les murs ; ses comédies sérieuses et ses drames bourgeois y font songer. Devant l'infirmité de ces ébauches qui devaient être le tableau fidèle des hommes, la sévérité la plus hostile est désarmée. Aucun soupçon d'observation, de psychologie. Absorbé par les idées et noyé dans un verbiage bouillonnant, Diderot ignore les hommes ; ses personnages ne sont même pas des pantins, mais des abstractions creuses que le matérialisme d'une pantomime puérile et des indications scéniques multipliées à l'excès font paraître encore plus vides. « Clairville se jette dans les bras de son ami ; Dorval verse quelques larmes sur lui ; Clairville pousse l'accent inarticulé du désespoir » ; voilà ce qui est censé donner l'image de la vie, l'illusion de la nature. L'affectation de la nature n'est pas moins insupportable que les autres, mais elle n'est pas plus vraie. Collé s'écriait, après la première représentation du *Fils naturel* : « Ah ! qu'il est peu naturel, ce beau fils ! » Le mot est exact de tout le théâtre de Diderot. L'intrigue a l'ambition d'être l'image des malheurs ordinaires qui nous environnent ; le nœud en est formé de plus d'invraisemblances que celui d'*Héraclius* ou de *Pulchérie*. Les dialogues qu'il a semés à profusion dans ses romans, ses fantaisies et sa correspondance, ont l'allure et le mouvement de la vie même ; son dialogue scénique se traîne, lent et lourd, uniforme et monotone, avec d'innombrables points de suspension au milieu des phrases et de non moins innombrables tirets qui sont censés donner l'illusion du naturel.

Avec la prétention d'inaugurer à la scène la peinture des conditions et des états, tous ces personnages, ombres de marionnettes, le père vertueux et le méchant commandeur, la jeune fille chaste et la vieille ravaudeuse, l'amant passionné et le frère jaloux, parlent tous du même ton ; et c'est toujours Diderot, mais le philosophe dans ce qu'il a de pire, la rhétorique à froid, la sensibilité à jet continu, la prédication laïque qui fait regretter celle de la chaire, la vertu systématique et obsédante qui donne l'envie

du vice, comme les moutons enrubannés de Scudéry
ou de Florian font désirer le loup. Quand la sultane
Mirzoza fait la critique de la tragédie classique, elle
dit joliment : « C'est en vain que l'auteur cherche à
se dérober ; mes yeux percent et je l'aperçois sans
cesse derrière ses personnages qui sont à tous les
moments ses sarbacanes ; ce n'est pas ainsi qu'on
s'entretenait chez nos anciens Sarrasins. » Que
Mirzoza n'a-t-elle assisté aux représentations de
Diderot! L'auteur du *Père de famille* ne cherche
même pas à se dérober ; Lysimond, Germeuil et
Clairville ne sont, eux aussi, que des sarbacanes,
mais qui ne jettent que des platitudes. Et quel style!
L'alexandrin le plus ampoulé est plus proche de la
vérité que cette prose à la fois vulgaire et préten-
tieuse. Après avoir proclamé à son de trompe que
la nature lui a donné le goût de la simplicité, il
appelle une mansarde « l'asile écarté qui cache la
bien-aimée aux yeux des hommes » ; l'on se salue
tout le temps d'homme cruel, de femme vertueuse et
de père barbare. Et je veux bien qu'un roi qui éveille
son valet de chambre ne lui dise pas :

Viens, reconnais la voix qui frappe ton oreille!

mais écoutez ce langage d'un amant : « Sortez de
mon esprit, éloignez-vous de mon cœur, illusions
honteuses! Vertu, douce et cruelle idée! chers et
barbares devoirs! Amitié qui m'enchaîne et me
déchire! O vertu, n'ai-je point encore assez fait

pour toi!.... » ou celui-ci d'un père qui cherche à connaître le secret amoureux de sa fille : « Comment blâmerais-je en vous les sentiments que je fis naître dans le cœur de votre mère ? »

Il est heureux pourtant que Diderot soit tombé dans le piège. Un méchant tableau, mais qui donne franchement une note nouvelle, fait plus que dix volumes d'esthétique pour sortir la peinture de certaines routines; il n'en a pas été autrement des drames bourgeois de Diderot. « Zénon niait la réalité du mouvement; pour toute réponse, Diogène se mit à marcher; et quand il n'aurait fait que boiter, il eût toujours répondu ! » Diderot, lui aussi, n'a fait que boiter, mais boitant, il a répondu quand même à Campistron. Et que les Lysimond, les Clairville et les Saint-Albin n'aient point réalisé du premier coup l'idéal de la nouvelle poétique, cela n'est pas douteux; mais, tout indécis qu'ils soient encore dans leur primitive ébauche, le *Père de famille* et le *Fils naturel* n'en sont pas moins des ancêtres, et l'innombrable lignée qui remplit le théâtre contemporain, Antoinette Poirier et Denise, Sergines et Mme Caverlet, Olympe et Séraphine, d'Estrigaud et Mme Aubray, ne descendent pas d'une autre souche. Sur une scène où le décor des appartements familiers a remplacé les colonnades des palais et des temples, n'ont-ils pas été les premiers à raconter en prose des passions simplement terrestres où la colère et la vengeance des cieux ne sont pour rien ? Vêtus comme les spectateurs eux-mêmes et se mouvant dans la vie de tous les jours, n'ont-ils pas été les premiers à célébrer devant un public de roturiers ses douleurs et ses amours? Aussi bien la grande majorité des contemporains ne vit-elle que la nouveauté hardie de l'entreprise qui enlevait aux rois et aux nobles le monopole des émotions de la scène; quand Voltaire lui-même admirait le *Père de famille* comme un ouvrage « tendre et vertueux », les défauts qui ont tué ces comédies sérieuses échappaient aux meilleurs juges qui protestaient seulement qu'il était trop facile et de faire décider des caractères par les situations et de faire passer la condition du dernier rang au premier; le public s'était précipité au spectacle de Diderot comme à une première escarmouche de la Révolution. Autant de mouchoirs tirés que de spectateurs; les femmes se trouvent mal d'émotion; Marmontel pleure, Grimm exulte, Duclos pousse des cris de joie, Beaumarchais découvre son propre génie; Mme Diderot elle-même, « sentant l'indécence qu'il y avait à répondre à tous ceux qui lui faisaient compliment, qu'elle n'y avait pas été », se résigne à aller applaudir son mari; ce fut tout le temps « un tumulte et un monde épouvantable ». Même succès d'ailleurs à l'étranger, en Italie où le roi de Naples donne le signal des larmes, en Allemagne où Lessing avouera que, « sans les leçons et les exemples de Diderot, son goût aurait pris une autre direction », et qu'il n'aurait pas écrit la *Dramaturgie*. Le *Père de famille* et le *Fils naturel* sont morts, mais de leur victoire; si le genre nouveau a

triomphé, ce n'est pas l'entretien avec Dorval qui a
ouvert la brèche ni même les lettres à Grimm sur
la poésie dramatique; c'est Rosalie et M. d'Orbesson.

« Le hasard et, plus encore, les besoins de la
vie disposent de nous à leur gré. Qui le sait mieux
que moi? C'est la raison pour laquelle, pendant
environ trente ans de suite, j'ai fait l'Encyclopédie contre mon goût et n'ai fait que deux pièces
de théâtre. » Il est évidemment heureux que Diderot
n'ait pas eu les rentes qui l'eussent dispensé d'entreprendre l'Encyclopédie, la vie étant ainsi faite que,
souvent, ce qui nous sert le mieux et qui sera pour
nous la cause directe du bonheur ou de la gloire,
nous ait paru d'abord, dans notre ignorance et notre
myopie, comme la plaie et le malheur de notre
existence. Mais cette vérité échappa toujours au
philosophe; il s'obstina à croire qu'il avait manqué
sa vocation. Les éditeurs qui ont vidé ses tiroirs
les ont trouvés pleins d'ébauches et de canevas de
pièces : une tragédie romaine, un drame anglais
bourré de meurtres et de rapts, prototype informe
de nos drames du boulevard, une fable idyllique, à
la manière de Gessner, qui recule les bornes de la
niaiserie, une comédie libertine où il esquisse Fau-
blas, une autre comédie enfin, *Est-il bon? est-il
méchant?* dans le genre de Dufresny, où il se met
assez plaisamment en scène sous les espèces d'un
Scapin-philanthrope et qui seule, par la vivacité
d'une allure à la Beaumarchais, mériterait de prendre
place au répertoire. Dès que Diderot a un instant

de répit, il court au théâtre; mais, par bonheur, il
ne se contente pas d'y poursuivre son rêve d'auteur :
il y exerce aussi, sur toutes les formes de l'art dramatique, sa critique qui n'a été nulle part plus pénétrante. Par les articles sur les pièces du jour qu'il
rédigeait pour la correspondance de Grimm, il est
ainsi l'un des ancêtres du feuilleton moderne; il est
des premiers qui aient compris Shakespeare; il n'en
fait pas un dieu, mais il ne le dégrade pas, comme
Voltaire, au rang des sauvages ivres : « Cet Anglais
n'est à comparer ni à l'Apollon du Belvédère, ni à
l'Antinoüs, ni au Gladiateur, mais bien au saint
Christophe de Notre-Dame, colosse informe, gros-
sièrement sculpté, mais entre les jambes duquel
nous passerions tous. » Et comme il devine Shakespeare, il pressent Wagner : « Il est absurde, écrit-
il, de faire jouer à des violons des arietttes vives et
des sonates de mouvement, tandis que les esprits
sont imbus qu'un prince est sur le point de perdre
sa maîtresse, son trône et sa vie. » Très nettement, il recommande de faire de l'Opéra un drame
musical; il trace à son siècle, entre autres besognes,
celle d' « introduire la tragédie réelle sur le théâtre
lyrique »; ayant pris parti, dans la grande querelle
entre le Coin de la Reine et le Coin du Roi, pour
la musique italienne, il tient que « l'accent est la
pépinière de la mélodie » et que « la ligne de la
mélodie doit coïncider, par suite, avec celle de la
déclamation ». Il connaît ainsi tout du théâtre et il en
aime tout; et, comme il a médité longuement sur le

génie qui fait l'auteur dramatique, il n'a pas moins réfléchi au talent qui fait l'acteur, d'où le *Paradoxe sur le Comédien*, et aux qualités qui assurent son succès, d'où les *Lettres à Mlle Jodin*.

L'acteur doit-il éprouver les sentiments qu'il exprime, doit-il jouer d'*âme* ou de *réflexion*? Quiconque a fréquenté le théâtre a rencontré cette question au premier portant, et comme elle mêle agréablement la psychologie à l'esthétique, elle a toujours prêté, quelque solution qu'on adopte, aux développements oratoires. Diderot ne pouvait manquer de s'en emparer avec joie, bien que se prononçant pour la solution qu'on attendait le moins de lui et qui paraît d'abord la plus contraire à sa nature volcanique. Il tient, en effet, pour le jeu de réflexion et il pose sa thèse, dès l'abord, avec une netteté radicale et sans atténuation : « C'est l'extrême sensibilité qui fait les acteurs médiocres; c'est la sensibilité médiocre qui fait la multitude des mauvais acteurs; et c'est le manque absolu de sensibilité qui prépare les acteurs sublimes. »

Quand Diderot tient une formule de ce genre, il la presse jusqu'à la dernière goutte de suc; ici, sa verve ordinaire se double de tout son amour du théâtre, et cette même passion qu'il porte le reste du temps dans l'apologie de la sensibilité, il la retourne cette fois contre elle. Voici la querelle de Diderot contre cette ancienne maîtresse : « Si le comédien était sensible, de bonne foi lui serait-il permis de jouer deux fois de suite un même rôle avec la même chaleur et le même succès? Très chaud à la première représentation, il serait épuisé et froid comme un marbre à la troisième. S'il est lui quand il joue, comment cessera-t-il d'être lui? S'il veut cesser d'être lui, comment saisira-t-il ce point juste auquel il faut qu'il se place et s'arrête? L'acteur qui joue d'âme est ainsi condamné à l'inégalité; son jeu est alternativement fort et faible, chaud et froid, plat et sublime; il manquera demain l'endroit où il aura excellé aujourd'hui; il excellera dans celui qu'il aura manqué la veille. » Le comédien, au contraire, qui joue de réflexion, sera le même à toutes les représentations; tout a été mesuré, combiné, appris, ordonné dans sa tête; il ne sera plus journalier; c'est une glace toujours disposée à montrer les objets et à les montrer avec la même précision, la même force et la même vérité. La sensibilité ne va jamais sans faiblesse et cette faiblesse apparaît surtout au feu de la rampe.

Eh quoi? dira-t-on, ces accents si plaintifs, si douloureux, que cette mère arrache du fond de ses entrailles et dont les miennes sont si violemment secouées, ce n'est pas le sentiment actuel qui les produit, ce n'est pas le désespoir qui les inspire? Nullement; et la preuve, c'est qu'ils sont mesurés; qu'ils font partie d'un système de déclamation; que, plus bas ou plus aigus de la vingtième partie d'un quart de ton, ils sont faux; qu'ils sont soumis à une loi d'unité; qu'ils sont, comme dans l'harmonie, préparés et causés; qu'ils ne satisfont à toutes les conditions requises que par une longue étude; qu'ils concourent à la solution d'un problème proposé; que, pour être poussés juste, ils ont été répétés cent fois, et que, malgré ces fréquentes répétitions, on les manque encore.... Ce tremblement de la voix, ces mots suspendus, ces

sons étouffés ou traînés, ce frémissement des membres, ce
vacillement des genoux, ces évanouissements, ces fureurs,
pure imitation, leçon recordée d'avance, grimace pathétique,
singerie sublime dont il garde le souvenir longtemps après
l'avoir étudiée, dont il avait la conscience présente au moment
où il l'exécutait, qui lui laisse toute la liberté de son esprit. Le
socque ou le cothurne déposé, sa voix est éteinte, il éprouve
une extrême fatigue, il va changer de linge ou se coucher;
mais il ne lui reste ni trouble, ni douleur, ni mélancolie,
ni affaissement d'âme. C'est vous qui remportez toutes ces
impressions.

Qu'est-ce donc qu'un grand acteur « sinon un per-
sifleur tragique ou comique à qui le poëte a dicté
son discours »?

La solution du *Paradoxe* n'est-elle pas trop absolue et ne faut-il vraiment « nulle sensibilité » au
comédien? Dans les lettres à la jeune actrice qui
lui demande des conseils tant sur sa conduite que
sur son art, le philosophe est moins sévère. Il ne
lui commande pas une sorte de vertu presque
incompatible avec son état, les mœurs d'une vestale
ou la morale des capucines du Marais; il l'engage
seulement, avec un sage et affectueux cynisme, à
n'avoir qu'un amant à la fois, à le choisir homme de
mérite pour n'avoir point à en rougir, à lui rester
fidèle le plus longtemps qu'elle pourra. Si « cette
demi-vertu, c'est la vérité », et s'il n'y a pas autre
chose à demander à une comédienne quand elle est
déjà jeune et jolie et qu'elle a du talent, ne serait-il
pas plus juste aussi et plus naturel de n'exiger
du comédien qu'une demi-insensibilité? S'il est
exact de dire que les cris de la douleur doivent être
notés dans la mémoire de l'acteur et qu'il doit

savoir le moment précis où il tirera son mouchoir
et où ses larmes couleront, cette leçon, recordée
d'avance, exclut-elle forcément toute sensibilité?
Arnould, faisant Télaïre, renversée entre les bras
de Pillot-Pollux, se pâme, se meurt et bégaye tout
bas : « Ah! Pillot, que tu pues! » Diderot admire
violemment le mot, parce qu'Arnould, tout en se
plaignant des senteurs de Pillot, fait croire au public qu'elle meurt vraiment d'amour pour Pollux et
qu'ainsi Arnould n'est pas vraiment Télaïre, mais
seulement et toujours Arnould. Mais cela est-il certain, et n'est-il pas plus vraisemblable, au contraire,
qu'Arnould, s'évanouissant entre les bras de son
amant et contractant ses narines, est, à la fois, Télaïre
et Arnould, tout comme le crépuscule est à la fois
le jour et la nuit? L'âme du comédien en scène n'est
pas identique à celle du comédien qui est rentré dans
les coulisses; quelque chose de l'âme du personnage
qu'il joue passe dans la sienne pour l'émouvoir; et
la preuve qu'il en est ainsi, Diderot ne la fournit-il
pas d'ailleurs contre lui-même en plus d'un endroit?
Quand il écrit, par exemple, après avoir assimilé
l'acteur au poète : « Est-ce au moment où vous
venez de perdre votre ami ou votre maîtresse que
vous composez un poème sur sa mort? Non. C'est
lorsque la grande douleur est passée.... » Qu'est-ce
à dire sinon que, s'il n'est pas nécessaire que vous
pleuriez encore pour me tirer des larmes, il faut,
tout au moins, que vous ayez pleuré et que le souvenir de votre émotion, pénétrant l'art, le vivifie

et l'empêche de tourner à l'artifice? De même, quand il écrit à Mlle Jodin : « Mettez-vous en garde contre un ridicule qu'on prend imperceptiblement et dont il est impossible dans la suite de se défaire; c'est de garder, au sortir de la scène, je ne sais quel ton emphatique qui tient du rôle de princesse qu'on a fait. En déposant les habits de Mérope ou d'Alzire, accrochez à votre portemanteau tout ce qui leur appartient.... » Qu'est-ce à dire encore, sinon qu'en jouant Alzire ou Mérope, Mlle Jodin est devenue plus ou moins Mérope et Alzire et que, dès lors, Arnould elle-même, jouant Télaïre, n'est pas seulement et exclusivement Arnould?

En somme, le *Paradoxe*, en ce qui concerne du moins la thèse principale du dialogue, mérite son titre et il n'eût point fallu prier beaucoup le philosophe pour l'amener à soutenir, avec la même éloquence, l'opinion diamétralement contraire. Sentimental avant tout, jusqu'au point de goûter médiocrement Molière malgré les points d'exclamation innombrables dont il ponctue ses phrases chaque fois qu'il en parle, il a trouvé divertissant de plaider ici contre le sentiment tout comme il s'était amusé, dans ses lettres à Falconet, lui qui laissa dans ses tiroirs les trois quarts de ses manuscrits, à proclamer que l'amour de la renommée est le stimulant le plus certain des artistes. Mais, juste ou faux, quel admirable plaidoyer, quelle richesse d'arguments et d'exemples, quelle verve, et, à travers le feu roulant

des sophismes, que de vérités nouvelles et d'ingénieux aperçus! Écoutez-le, par exemple, quand il
part en guerre pour démontrer qu' « être vrai au
théâtre n'est aucunement montrer les choses comme
elles sont en nature », parce que le vrai, en ce sens,
ne serait que le commun, et que le vrai de la scène,
« c'est la conformité des actions, des discours, de la
figure, de la voix, du mouvement, du geste, avec un
modèle d'idéal imaginé par le poète et souvent exa-
géré par le comédien ». De là vient, ajoute-t-il, que
le comédien dans la rue ou sur la scène sont deux
personnages si différents qu'on a peine à les reconnaître et qu'il était lui-même en droit de s'écrier, la
première fois qu'il vit Mlle Clairon chez elle : « Ah !
mademoiselle, je vous croyais de toute la tête plus
grande. »

Seulement, si « être vrai au théâtre n'est aucunement montrer les choses comme elles sont en
nature », que devient toute la théorie de Diderot sur
le drame bourgeois? Et, ici encore, Diderot est la
contradiction faite homme.

CHAPITRE VI

PHILOSOPHIE

Si la philosophie est bien, par définition, l'amour
de la sagesse et s'il convient d'entendre par sagesse
la science des choses divines et humaines, ainsi
que des principes qui renferment ces choses [1],
Diderot, d'un bout à l'autre de son œuvre, n'a pas
cessé de philosopher. Dans tous ses écrits, les plus
légers comme les plus graves, comme d'ailleurs dans
ses conversations, le tour naturel de son esprit veut
qu'il généralise toutes les questions. Passionnément
épris de synthèse, ce qui lui a valu d'être appelé par
Gœthe le plus allemand des Français, s'il observe
toutes choses, l'art comme la physiologie ou l'industrie, avec le souci le plus scrupuleux de l'exactitude matérielle et du détail, c'est toujours pour rap-

---

1. *Rerum divinarum et humanarum, causarumque quibus
hæ res continentur, scientia.* (Cicéron, *De off.*, II, c. 2.)

porter ses observations à la préoccupation dominante
de l'univers, de son origine et de sa destinée. Il veut,
il poursuit l'unité. De quelque sujet qu'il s'élance, il
pousse partout jusqu'aux principes les plus reculés.
La connaissance des phénomènes et de leurs lois
ne lui suffit pas ; son but constant, c'est l'interprétation de la nature. « Puisque la philosophie est
votre femme, lui écrit Mme Necker, vous ne res-
semblez pas à Ulysse, votre Pénélope est partout
avec vous. » En effet, dans cette longue odyssée
qu'il a poursuivie à travers toutes les provinces de la
science, son génie inquiet n'arrête point de rechercher les rapports secrets des choses, « les centres
de lumière, comme il les nomme, qui éclairent d'un
même rayon les objets les plus dissemblables ou
les plus éloignés les uns des autres ». Ses conclusions sont souvent contradictoires et il n'a souvent
que des intuitions. Mais ces conclusions successives
sont toujours sincères, sans parti-pris, et quelques-
unes de ses intuitions les plus hardies ont été con-
firmées avec éclat par la science expérimentale. Sa
vie tout entière, dans chacune de ses manifestations,
est une aspiration croissante vers plus de lumière.

S'il a ainsi le goût de l'observation et le don des
puissantes synthèses, en revanche ses écrits proprement philosophiques sont peu nombreux ; soit que
le temps ait manqué à ce forçat du travail, soit que
cet improvisateur merveilleux ne se soit pas senti de
force à rassembler ses idées dans un corps de doctrine, il n'a rien publié de systématique. Se modi-

fiant sans cesse, il sème un peu partout et au jour le
jour les idées qui l'obsèdent et dont les contradictions ne lui paraissent que des étapes vers la vérité
définitive qu'il entrevoit ; mais, Juif-Errant de la
pensée, il ne s'arrête pas pour les coordonner. Il
faut qu'il marche, encore et toujours, jusqu'à ce qu'il
tombe. Dès lors, comme il ne saurait être question
de tenter artificiellement ce que ce grand audacieux
n'a point osé, il faut se contenter d'esquisser les
évolutions de son esprit, les tâtonnements de sa
pensée, les progrès de sa science ou de son rêve.

Croit-il en Dieu ? Il a été athée violemment, avec
passion, comme s'il détestait encore plus qu'il ne
niait, ce qui implique contradiction, mais il a
séjourné longtemps dans le déisme et le panthéisme
et il n'est pas bien certain qu'il ne soit pas revenu,
sur le tard, du moins par accès, à l'idée d'un Dieu
« âme du monde ». Qu'il explique la nature ou qu'il
cherche à se rendre compte soit de la diversité des
substances, soit de l'origine des âmes, il n'a pas
besoin pour son compte de l'hypothèse divine qui
« rend les problèmes, quels qu'ils soient, non pas
plus clairs, mais plus confus, et ne fait, en tout cas,
que reculer les difficultés sans les résoudre » ; après
une courte crise de fièvre religieuse, sa prétention
dominante, sinon son ambition, c'est de se passer de
Dieu. Mais de cette affirmation que Dieu est inutile
à cette affirmation qu'il n'existe pas et à cette autre
que l'athéisme peut être, non seulement la doctrine
d'une petite école, mais celle d'une nation civilisée,

le chemin est long, beaucoup plus long qu'on ne
pense. Diderot passe des heures innombrables à
faire les cent pas sur cette route, tantôt se grisant de
la poésie panthéiste qu'il a résumée dans l'éloquente
formule : « Élargissez Dieu ! » ; tantôt, après avoir
découvert Dieu partout, ne voulant plus le voir nulle
part ; tantôt déclamant avec une même fureur meur-
trière contre le Dieu des religions révélées et contre
celui de Voltaire ; et ainsi, successivement, avec une
égale sincérité, déiste, théophobe et athée. A dîner
ou à souper au Grandval, après quelques volailles
truffées et quelques grandes rasades de vin, il défie
« Briochet le père » avec une joie féroce, se grandis-
sant devant lui-même de l'audace de ses négations,
défiant le tonnerre vengeur avec une insolence enfan-
tine et, déjà échauffé par le festin, excité encore par
la crainte de ne point paraître à son amphitryon —
car il y a du démagogue en lui et je le définirais plus
d'une fois le démagogue de la philosophie — un
esprit assez avancé et assez fort. Il était ainsi du
fameux repas où, à ce propos de Hume : « Pour les
athées, je ne crois pas qu'il en existe, je n'en ai
jamais vu ! » le baron d'Holbach avait riposté super-
bement : « Vous avez été un peu malheureux, car
vous voici à table avec dix-sept à la fois ». Mais peu
de jours après, comme il se promenait dans un
champ avec Grimm, il cueillait un épi et un bleuet
et méditait profondément : « Que faites-vous là ? lui
dit Grimm. — J'écoute. — Qui est-ce qui vous
parle ? — Dieu. — Eh bien ? — C'est de l'hébreu ; le

cœur comprend, mais l'esprit n'est pas assez haut placé ! » Et le lendemain, Dieu, de nouveau, ne sera plus pour lui que « le premier joueur de marionnettes qui ait existé dans le monde ».

En débutant dans la philosophie (1745) par la traduction libre de l'essai de Shaftesbury sur le *Mérite et la Vertu*, il ne serait pas tout à fait juste de dire, avec La Harpe, que Diderot avait fait siennes toutes les idées du métaphysicien anglais. Cependant Naigeon avoue lui-même que son maître avait traversé à ce moment une crise et qu'il fallut quelque temps « pour qu'il se soit complètement purgé de la matière superstitieuse ». Si Diderot, en effet, n'avait pas été lui-même, à ce moment, « infecté de théisme », c'est-à-dire d'une croyance qui, à la différence du déisme simple, non seulement admet l'existence d'un Dieu, mais est tout près d'admettre la révélation, comment expliquer qu'il ait traduit avec tant d'éclat et annoté avec tant de passion un ouvrage dont le but déclaré est que « la vertu est presque indivisiblement attachée à la connaissance de Dieu » et que le bonheur temporel de l'homme est inséparable de la vertu ? Évidemment Diderot fait ses réserves, et il suffit de parcourir son commentaire pour s'en convaincre. Mais ces réserves mêmes ne font que marquer plus profondément l'adhésion momentanée de Diderot aux propositions essentielles de Shaftesbury, à savoir qu'il n'y a point de vertu sans la croyance en Dieu et point de bonheur sans vertu. Pour Diderot, comme pour Shaftesbury, « des athées qui se piquent

de probité et des gens sans probité qui vantent leur
bonheur », voilà l'ennemi. Et sa paraphrase ne tarit
point, à l'appui de cette thèse, en brillantes tirades.
Quand Shaftesbury faiblit ou paraît hésiter seulement dans le texte, c'est l'apôtre Denis qui redouble
dans ses notes : « Non, la divinité n'est pas un vain
fantôme; non, le vice et la vertu ne sont pas des
préjugés d'éducation; non, l'immortalité de l'âme,
la crainte des peines et l'espérance des récompenses
à venir ne sont pas chimériques. » Et ailleurs, toujours en note : « L'athéisme laisse la probité sans
appui; il fait pis, il pousse indirectement à la dépravation. » Hobbes, qui ne croyait point en Dieu, était
bon citoyen, bon parent, bon ami. Mais c'est que
« les hommes ne sont pas conséquents, qu'on offense
un Dieu dont on admet l'existence, qu'on nie l'existence d'un Dieu dont on a bien mérité et que, s'il y
avait à s'étonner, ce ne serait pas d'un athée qui vit
bien, mais d'un chrétien qui vit mal ».

Est-ce à la vue d'athées qui vivaient bien et d'un
trop grand nombre de chrétiens qui vivaient mal
qu'il faut attribuer l'évolution qui, en moins d'une
année, a fait du commentateur de l'*Essai sur la vertu*
l'auteur des *Pensées philosophiques*? Je croirais plus
volontiers que c'est la traduction même qu'il fit de
Shaftesbury qui éclaira Diderot, tout comme un
ingénieur qui construit une citadelle est le premier
à reconnaître les points faibles de son ouvrage.
L'évolution, pour être rapide, n'est point aussi
brusque au surplus qu'en ont jugé des lecteurs

superficiels et, tout d'abord, le Parlement de Paris
qui condamna au feu le petit volume. Composées
avec une hâte dont on s'aperçoit, du Vendredi
Saint au lundi de Pâques 1746, pour procurer à
Mme de Puisieux cinquante louis qu'elle réclamait,
les *Pensées philosophiques*, rééditées plus tard sous le
titre d'*Étrennes aux Esprits forts*, comprennent bien
quelques réflexions très hardies. Diderot y déclare
déjà la guerre au dogme et même à la morale chrétienne ; écartant d'un mot la révélation, il professe
que « le scepticisme est le premier pas vers la
vérité et qu'il doit être général, parce qu'il en est
la pierre de touche » ; il injurie les fanatiques et
bafoue sans pitié les superstitions ; il raille la divinité des Écritures :

On a conservé dans une église des tableaux qu'on assure
avoir été peints par des anges et par la Divinité elle-même ;
si ces morceaux étaient sortis de la main de Le Sueur ou de
Le Brun, que pourrais-je opposer à cette tradition immémo-
riale ? Mais quand j'observe ces célestes ouvrages et que je
vois à chaque pas les règles de la peinture violées dans le
dessin et dans l'exécution, le vrai de l'art abandonné partout, ne pouvant supposer que l'ouvrier était un ignorant, il
faut bien que j'accuse la tradition d'être fabuleuse.

Qu'importe donc qu'un peuple tout entier ait été
témoin d'un miracle ? Diderot croirait sans peine
« un seul honnête homme qui lui annoncerait que
Sa Majesté vient de remporter une victoire complète sur les alliés » ; mais « tout Paris l'assurerait
qu'un mort vient de ressusciter à Passy qu'il n'en
croirait rien ». Et, désormais, l'on exigerait en vain

du philosophe qu' « il croie qu'il y a trois personnes en Dieu aussi fermement qu'il croit que les trois angles d'un triangle sont égaux à deux angles droits ».

Ces audaces cependant et ces vives impertinences ne sont encore qu'isolées et comme noyées dans l'ensemble d'une profession de foi très nettement déiste, sinon théiste, et, par moments même (mais peut-être seulement par une précaution qui fut inutile), orthodoxe. « J'écris de Dieu », telle est la première phrase des *Pensées*, et Diderot continue à conclure au créateur de l'existence du monde. Évidemment ce n'est plus le même Dieu : « Sur le portrait qu'on fait de l'Être Suprême, sur son penchant à la colère et sur la rigueur de ses vengeances, l'âme la plus droite serait tentée de souhaiter qu'il n'existât pas » ; le spectacle des gens « dont il ne faut pas dire qu'ils craignent Dieu, mais bien qu'ils en ont peur », l'amène à soutenir que la superstition est plus injurieuse à Dieu que l'athéisme. « Si Dieu de qui nous tenons la raison en exige le sacrifice, c'est un faiseur de tours de gibecière qui escamote ce qu'il a donné. » Mais, cela dit, il répudie toujours les athées, les athées fanfarons qu'il déteste, les athées vrais qu'il plaint et pour qui « toute consolation semble morte ». Pour trouver que « l'ignorance et l'incuriosité sont deux oreillers fort doux, il tient qu'il faut avoir la tête aussi bien faite que Montaigne ». Il jure enfin, serment d'ailleurs qu'il ne tiendra point, qu'il veut « mourir dans la religion de ses pères, parce qu'il la croit bonne autant qu'il est possible à quiconque n'a jamais eu aucun commerce immédiat avec la Divinité ».

Prenez garde pourtant. Dans la même page où il montre comment il faut expliquer aux enfants que Dieu est toujours présent et que, s'il avait un élève à dresser, il l'accoutumerait à dire : « Nous étions quatre, Dieu, mon ami, mon gouverneur et moi » ; dans cette même page ce déiste d'aujourd'hui, théiste d'hier, devient déjà panthéiste : « Les hommes, s'écrie-t-il, ont banni la Divinité d'entre eux, ils l'ont reléguée dans un sanctuaire ; les murs d'un temple bornent sa vue ; elle n'existe point au delà. Insensés que vous êtes! détruisez ces enceintes qui rétrécissent vos idées ; élargissez Dieu ; voyez-le partout où il est, ou dites qu'il n'est point. »

Il l'élargit si bien, l'étendant sur toute la nature, puis, bientôt, par une invincible conséquence, le confondant avec elle, que, trois ans après, il ne le trouve plus.

A partir de la *Lettre sur les aveugles à l'usage de ceux qui voient*, suivie, en 1754, des *Pensées sur l'interprétation de la nature* et, plus tard, en 1769, du *Rêve de d'Alembert*, Diderot est officiellement, sinon irrévocablement, athée. Selon la définition qu'il avait donnée lui-même, d'après Shaftesbury, il est le parfait athée, c'est-à-dire qu'il « ne reconnaît dans la nature d'autre cause et d'autre principe des êtres que le hasard » ; il nie « qu'une intelligence

suprême ait fait, ordonné, disposé tout à quelque
bien général ou particulier ». Le Dieu de là Bible
n'est pour lui qu'un Jupiter sémite, plus violent et
plus chaste, partant moins poétique ; il reporte sur
le Dieu de l'Évangile toute la haine qu'il a pour ses
prêtres ; et il en veut enfin à Voltaire, comme d'une
insupportable momerie, de son Dieu rémunérateur
et vengeur qui l'exaspère.

L'opération de la cataracte faite par Réaumur
à un prétendu aveugle-né, qui se trouva n'être
qu'un aveugle par accident, fut le prétexte de la
fameuse lettre à Mme de Puisieux qui valut à
Diderot sa détention à Vincennes ; il y attribuait à
Saunderson, dans un récit imaginaire des derniers
moments de l'algébriste anglais, sa propre profession d'athéisme. Il l'entoure encore, à la vérité, de
quelques restrictions entortillées, et quand Voltaire
lui écrit qu' « il n'est point du tout de l'avis de Saunderson qui nie un Dieu parce qu'il est né aveugle »,
Diderot allègue, assez misérablement d'ailleurs,
que « le sentiment de Saunderson n'est pas plus
le sien que celui de son cher maître, mais que ce
pourrait bien être seulement parce qu'il voit ». « Si
c'est ordinairement pendant la nuit que s'élèvent
les vapeurs qui obscurcissent en lui l'existence de
Dieu, le lever du soleil les dissipe toujours. » Enfin,
tout compte fait, « comme il vit très bien avec les
athées, il est très important de ne pas prendre de
la ciguë pour du persil, mais nullement de croire
ou de ne pas croire en Dieu ». Personne cependant

ne pouvait se méprendre aux paroles qu'il avait
prêtées à Saunderson et qui comprennent, au surplus, deux arguments de valeur fort inégale. Le
savant aveugle répond d'abord aux objections du
ministre Holmes sur les merveilles de la nature :
« Eh, monsieur, laissez là tout ce beau spectacle
qui n'a jamais été fait pour moi ! J'ai été condamné
à passer ma vie dans les ténèbres ; et vous me citez
des prodiges que je n'entends point, et qui ne prou-
vent que pour vous et que pour ceux qui voient
comme vous. Si vous voulez que je croie en Dieu,
il faut que vous me fassiez toucher. » — Évidemment le raisonnement est très faible, car un clair-
voyant pouvait dire de même : « Il faut que vous me
fassiez voir Dieu ». — Mais Saunderson ne se
tient pas à la réfutation de cette plus ancienne
preuve physique de l'existence de Dieu, le *Cœli
enarrant gloriam...* de David, preuve aussi médiocre
dans sa splendeur que l'objection dans sa pauvreté ;
Diderot, découvrant enfin sa véritable pensée, fait
opposer au prêtre l'inutilité scientifique de toute
intervention surnaturelle :

Un phénomène est-il, à notre avis, au-dessus de l'homme ?
Nous disons aussitôt : *c'est l'ouvrage d'un dieu* ; notre vanité
ne se contente pas à moins. Ne pourrions-nous pas mettre
dans un discours un peu moins d'orgueil, et un peu plus de
philosophie ? Si la nature nous offre un nœud difficile à
délier, laissons-le pour ce qu'il est ; et n'employons pas à le
couper la main d'un être qui devient ensuite pour nous un
nouveau nœud plus indissoluble que le premier. Demandez à
un Indien pourquoi le monde reste suspendu dans les airs,
il vous répondra qu'il est porté sur le dos d'un éléphant ; et

l'éléphant, sur quoi s'appuiera-t-il? sur une tortue; et la
tortue, qui la soutiendra?... Cet Indien vous fait pitié; et l'on
pourrait vous dire comme à lui : Monsieur Holmes, mon
ami, confessez d'abord votre ignorance, et faites-moi grâce
de l'éléphant et de la tortue....

Voici donc le caractère particulier de l'athéisme
de Diderot : il déclare Dieu inutile, il n'en a pas
besoin pour expliquer ce qu'il y a d'explicable
scientifiquement dans le monde, et pour ce qui est
de l'inexplicable, cette vieille hypothèse ne fait que
l'obscurcir. « L'éternité du monde, écrit-il encore,
n'est pas plus incommode que l'éternité d'un esprit;
parce que je ne conçois pas comment le mouvement
a pu engendrer cet univers qu'il a si bien la vertu
de conserver, il est ridicule de lever cette difficulté
par la supposition d'un être que je ne conçois pas
davantage. » Une fois cette idée ancrée dans son
cerveau, il y revient sans cesse et toujours avec
une nouvelle abondance d'arguments. Nécessairement, plus il se pénètre de son thème, plus il
s'exalte dans d'innombrables variations. Après avoir
fait de la croyance en l'existence de Dieu une
fâcheuse et gênante superfluité, il y dénonce la
cause de tous les maux qui affligent l'humanité :
« Partout où l'on admet un Dieu, écrit-il à Mlle Volland, l'ordre naturel des devoirs moraux est ren-
versé, la morale corrompue. » Il se demande et il
demande à la Tsarine « ce que cette souche abandonnée à sa libre disposition peut produire de
monstrueux ». Nier gravement ne lui suffit plus, il

ajoute à sa négation l'ironie et jusqu'à des turlu-
pinades. Seulement, une fois qu'il est arrivé ainsi
sur le faîte de l'incrédulité, il aspire à descendre;
serait-il Diderot s'il ne se contredisait pas?

Le voici donc, en effet, et précisément dans le plus
audacieux de ses fragments retrouvés, le *Rêve de
d'Alembert*, qui fait de ce Dieu inutile l'âme possible
du monde et l'Éternel Devenir : « Qui est-ce qui vous
a dit, demande Bordeu à Mlle de Lespinasse, que ce
monde n'a pas aussi ses *méninges* comme l'homme,
et qu'il ne réside pas là un être central qui serait
Dieu par sa contiguïté sensible avec tous les êtres
et les objets de la nature, qui, par son identité avec
eux, saurait tout ce qui s'y passe, et par sa mémoire
tout ce qui s'y fait, et ce qui s'y fera aussi, par une
suite de conjectures vraisemblables? » Donc, ce Dieu
superflu n'étant cependant pas impossible, il prend
ses précautions. Le philosophe, qui entretient la
maréchale de Broglie, commence par établir que,
si un esprit, qui serait Dieu, fait de la matière, il
n'est pas plus difficile de concevoir que la matière
fasse de l'esprit. Mais si Dieu existe par hasard?
Oh! alors il est indulgent, il ne peut pas ne pas
l'être, il n'y a que des bêtes féroces qui puissent
penser qu'il damnerait Socrate, Phocion, Aristide et
Trajan; saint Paul lui-même n'a-t-il pas professé
que chacun sera jugé par la loi qu'il a connue? est-ce
que celui qui fit des sots les punira pour avoir été
des sots? Et là-dessus le conte du jeune Mexicain
qui, assis sur une planche au bord de l'Océan,

s'affirme à lui-même que « sa grand'mère radote
avec son histoire de je ne sais quels habitants qui,
dans je ne sais quel temps, abordèrent ici de je ne
sais où, d'une contrée au delà des mers » :

Ne vois-je pas la mer confiner avec le ciel? Et puis-je
croire, contre le témoignage de mes sens, une vieille fable
dont on ignore la date, que chacun arrange à sa manière,
et qui n'est qu'un tissu de circonstances absurdes, sur lesquelles ils se mangent le cœur et s'arrachent le blanc des
yeux?

Or, tandis qu'il raisonnait ainsi, il s'endort, le flot
soulève la planche, porte notre Mexicain en pleine
mer et le dépose enfin sur une rive inconnue, « peut-
être bien parmi ces habitants dont sa grand'mère
l'avait si souvent entretenu ».

A peine eut-il quitté sa planche et mis le pied sur le sable,
qu'il aperçut un vieillard vénérable, debout à ses côtés. Il
lui demanda où il était et à qui il avait l'honneur de parler :
« Je suis le souverain de la contrée, lui répondit le vieillard ;
vous avez nié mon existence? — Il est vrai. — Et celle de
mon empire? — Il est vrai. — Je vous pardonne parce que
je suis celui qui voit le fond des cœurs et que j'ai lu au fond
du vôtre que vous étiez de bonne foi. »

Diderot pense évidemment, et avec raison, que
ses palinodies mêmes suffiraient à prouver sa bonne
foi; et il recommence à nier Dieu.

Dieu en moins, voyons maintenant ce que devient,
dans le système de Diderot, « la loi morale au fond
des cœurs et au-dessus de nous le monde étoilé ».

Ce qui distingue des autres la morale écrite de ce

parfait honnête homme, c'est qu'elle est parfaite-
ment immorale et qu'elle l'est naturellement, sans
scrupule et sans inquiétude, comme un enfant est nu
et comme une boule est ronde. Diderot, d'un bout
à l'autre de sa vie, a été le plus brave homme du
monde; il est capable de dévouement et même de
sacrifice; sa probité scrupuleuse n'a jamais fait tort
d'un liard à personne; le traité qui le lie aux
libraires de l'Encyclopédie, alors même que ceux-ci
l'observent mal et que l'austère d'Alembert s'en
affranchit à la première difficulté, il le tient, à travers tous les orages et tous les dégoûts, comme un
pacte d'honneur; sa bourse est toujours ouverte, il
n'a jamais refusé à un indigent et il a donné, sans
compter, le plus précieux de son temps à ses amis;
il a au cœur une pitié profonde pour toutes les souffrances, et cette pitié est active; il a été bon fils, bon
père, bon ami, il n'a pas dépendu de lui qu'il fût un
mari fidèle, et s'il avait vécu cinquante ans plus tard,
il eût été un bon citoyen et un excellent patriote. Non
seulement il se conforme, en ce qui le concerne,
aux règles de la plus sévère délicatesse, mais la
vertu n'a jamais eu d'apôtre plus enthousiaste, de
prédicateur plus véhément, de commis-voyageur
plus agité; des larmes pleins les yeux et la voix, il
l'invoque sans cesse, souvent avec une pénétrante
éloquence, parfois aussi dans les moments les plus
inattendus, à souper et dans l'alcôve, et il en met
partout; son théâtre en est farci, sa tragédie familiale, baignée de pleurs, mérite d'avoir pour devise :

castigat flendo mores, et pourrait se lire au prône ;
les arts plastiques eux-mêmes, dont la cause finale
est exclusivement, sinon dans la beauté, du moins
dans la vérité naturelle, n'échappent pas à cet
embrigadement ; il en fait les véhicules de la
morale, des vertus civiques et surtout domestiques.
Maintenant, après ce débordement de vertu ora-
toire et tout le long de cette vie généralement irré-
prochable, interrogez le philosophe sur les principes mêmes qu'il prêche si bien et qu'il pratique
encore mieux : un gouffre se creuse sous ses pieds ;
cette morale, qu'il a voulu indépendante de Dieu et
qu'il ne veut apprécier qu'au seul taux de la raison,
aboutit au retour le plus effréné à l'état de nature.

Serait-ce qu'il n'y a point de morale, j'entends
dans le sens absolu du mot, sinon en dehors de
l'idée de Dieu, du moins en dehors de l'Idéal qui
est aux mœurs ce que le Beau en soi est aux arts,
ou que, plus simplement, Diderot a choisi trop bas
le taux de la raison qui règle son éthique ? Quoi qu'il
en soit, cette éthique est sans base comme sans principe directeur ; elle flotte dans le vide, sans bous-
sole et sans pôle, s'élevant plus d'une fois, mais
comme par accident, jusqu'aux régions de la Beauté
morale, mais plongeant le plus souvent, comme sous
l'action de la pesanteur, dans les fanges de la bestialité primitive. De la même plume qui trace cette
noble ligne : « Celui qui blesse l'espèce humaine
me blesse ! » si Diderot, l'instant d'après, peut
écrire, en toute tranquillité d'âme, le panégyrique

de l'inceste, de la prostitution et de la promiscuité des sexes, qu'est-ce à dire, en effet, sinon qu'à soumettre à la matière l'ordre moral tout entier, il a supprimé cet ordre moral lui-même? A la place de l'harmonie organisée par une raison à la fois supérieure et antérieure aux êtres qui la reçoivent, rien ne subsiste qu'un chaos, le pêle-mêle inextricable et confus du bien et du mal qui cessent d'être des entités pour n'être plus que des mots à sens variable. Étrange et lamentable contradiction! Diderot, dans le domaine des formes, a salué et proclamé le Beau, qu'il a défini « tout ce qui contient en soi de quoi réveiller des rapports dans notre entendement »; et quand il passe du domaine des formes à celui des idées, la notion du Devoir, si semblable cependant à celle du Beau, fuit et s'évanouit devant lui; il ne distingue plus entre le bien et le mal et il se persuade que « la nature ne s'en soucie pas, n'étant qu'à deux fins, la conservation de l'individu et la propagation de l'espèce ».

Il admet, sans doute, parce qu'il en comprend l'intérêt social, quelques-unes des obligations des hommes les uns envers les autres : « Si l'on suppose, écrit-il dans l'Encyclopédie, des êtres créés de façon qu'ils ne puissent subsister qu'en se soutenant mutuellement, il est clair que leurs actions sont convenables ou ne le sont pas à proportion qu'elles se rapprochent ou qu'elles s'éloignent de ce but. » Mais les devoirs des hommes envers eux-mêmes ne sont qu'affaire de convention ou de préjugé et il professe

gravement « que la morale des aveugles est diffé-
rente de celle des clairvoyants, que celle d'un sourd
différerait encore de celle d'un aveugle et qu'un être
qui aurait un sens de plus que nous trouverait notre
morale imparfaite, pour ne rien dire de plus ».
Un aveugle qui nierait les couleurs, un sourd qui
nierait les sons, déraisonneraient-ils autrement? Si
l'existence d'un sens de plus ou de moins chez quelques êtres ne peut modifier la réalité du monde
extérieur, faire, par exemple, que la lumière ne soit
pas, comment en serait-il autrement des lumières
du monde moral?

C'est cependant à cette négation que conclut
Diderot. Il ne tient pas que tout est beau dans la
nature, mais il affirme que « tout y est bon »; dès
lors, si l'homme est perverti, il n'en faut accuser
que les « misérables conventions » qui ont été
imaginées par les tyrans et par les coquins. Notez
que lui-même avait commencé, dans son *Introduction aux grands principes*, par soutenir la thèse diamétralement opposée et par traiter d'« absurdité »
ce même aphorisme de Pope que « tout est bien
dans le monde, alors qu'il devait se contenter de
dire que tout est nécessaire ». Mais il est revenu,
sous l'influence de Rousseau et dans les longues
causeries où ils s'échauffaient l'un l'autre, de cette
conception première et judicieuse que « le mal est
une suite des lois générales de la nature, et qu'il
faudrait, pour qu'il ne fût pas, que ces lois fussent
différentes ». Il avouait alors, non sans grâce,

« avoir fait plusieurs fois son possible pour concevoir un monde sans mal et n'y avoir pu parvenir ». Maintenant, au contraire, dans le *Supplément au Voyage de Bougainville*, le Taïtien Orou affirme à l'aumônier « qu'il existait autrefois un homme naturel, qu'on a introduit au dedans de cet homme un homme artificiel et qu'il s'est élevé ainsi dans la caverne une guerre civile qui dure toute la vie ». « Tantôt l'homme naturel est le plus fort ; tantôt il est terrassé par l'homme moral et artificiel ; et, dans l'un et l'autre cas, le triste monstre est tiraillé, tourmenté, étendu sur la roue, sans cesse gémissant, sans cesse malheureux, soit qu'un faux enthousiasme de gloire le transporte et l'enivre, ou qu'une fausse ignominie le courbe et l'abatte. Cependant il est des circonstances extrêmes qui ramènent l'homme à sa première simplicité : dans la misère, l'homme est sans remords ; dans la maladie, la femme est sans pudeur. » Et comme le capucin demande à Orou s'il faut civiliser l'homme ou l'abandonner à son instinct :

Si vous vous proposez d'en être le tyran, répond le Taïtien, civilisez-le ; empoisonnez-le de votre mieux d'une morale contraire à la nature ; faites-lui des entraves de toute espèce ; embarrassez ses mouvements de mille obstacles ; attachez-lui les fantômes qui l'effraient ; éternisez la guerre dans la caverne, et que l'homme naturel y soit toujours enchaîné sous le poids de l'homme moral. Le voulez-vous heureux et libre ? ne vous mêlez pas de ses affaires ; assez d'incidents imprévus le conduiront à la lumière et à la dépravation ; et demeurez à jamais convaincu que ce n'est pas pour nous, mais pour eux que ces sages législateurs vous ont pétri et maniéré comme vous l'êtes. J'en appelle à toutes les institutions politiques, civiles et religieuses : examinez-les profondément ; et je me trompe fort, ou vous y verrez l'espèce humaine pliée de siècle en siècle au joug qu'une poignée de fripons se permettait de lui imposer. Méfiez-vous de celui qui veut mettre de l'ordre.

C'est proprement l'anarchie, et quelle anarchie ! Dans la nouvelle Cythère, « tout est à tous », et, d'abord, les femmes et les filles ; la pudeur est déclarée préjugé : « Enfoncez-vous dans les ténèbres avec la compagne corrompue de vos plaisirs, mais permettez aux bons et simples Taïtiens de se reproduire sans honte à la face du ciel et au grand jour ! » L'inceste y est chose indifférente, puisque ce prétendu crime « n'est contraire ni au bien général ni à l'utilité particulière, ces deux fins de nos actions ». Et rien ne paraît plus stupide que le mariage ; « c'est la tyrannie de l'homme qui a converti en propriété la possession de la femme » ; rien de plus insensé « qu'une fidélité qui borne la plus capricieuse des jouissances à un même individu, que le serment d'immutabilité de deux êtres de chair, à la face d'un ciel qui n'est pas un instant le même, sous des antres qui menacent ruine, au bas d'une roche qui tombe en poudre, au pied d'un arbre qui se gerce, sur une pierre qui s'ébranle ! »

Sans doute, rentré en France, loin de cette chaude et sauvage poésie, Diderot consent à faire quelques concessions à l'organisation sociale et à la moralité artificielle ; mais il ne les fait qu'à regret, comparant parfois la morale à « un arbre immense dont la tête touche aux cieux et les racines pénètrent jusqu'aux enfers, où tout est lié, où la pudeur, la décence, la politesse, les vertus les plus légères, s'il en est de telles, sont attachées comme la feuille au rameau qu'on déshonore en le dépouillant » ; proclamant encore que « la vertu est une maîtresse à laquelle on s'attache autant par les sacrifices qu'on fait pour elle que par le charme qu'on lui voit » ; mais, le plus souvent, revenant à son opinion favorite que le sens moral est une chimère et que tout est affaire d'éducation et d'intérêt. Puisque, par malheur, il est encore impossible de ramener l'humanité aux forêts primitives et d'y vivre comme les bêtes ; puisque le jour béni est encore loin

> Où ses mains ourdiraient les entrailles du prêtre,
> Au défaut d'un cordon pour étrangler les rois,

il faut bien, en attendant, se résigner à avoir une morale, comme on a une police et une voirie, mais cette morale sera froidement expérimentale et utilitaire : « Le mal, ce sera ce qui a le plus d'inconvénients que d'avantages, et le bien ce qui a plus d'avantages que d'inconvénients. » Comme il ne cesse pas de déclamer par ailleurs que « tout ce qui porte un caractère de vérité, de grandeur, de fermeté, d'honnêteté, le touche et le transporte », il ajoute assurément que la vertu, tout compte fait, vaut toujours mieux. Mais que sera cette vertu dont l'utilité est la seule raison d'être ? L'utilité étant chose

essentiellement variable, ne varierait-elle pas sans
cesse avec elle? Qu'est-ce enfin que l'utile sinon la
prédominance des intérêts les plus considérables et
les plus forts sur les autres, quand bien même ceux-
ci représenteraient la justice et le droit?

Après avoir développé son sophisme utilitaire,
Diderot finit d'ailleurs par s'apercevoir lui-même du
danger de son système. Tant que le conflit n'est
qu'entre l'utile et la pudeur, on entend bien qu'il
n'hésite pas beaucoup. Refaisant à sa manière le
joli conte de *Cosi-Santa* : « Une femme, écrit-il à
Mlle Volland, sollicite un emploi très considérable
pour son mari ; on le lui promet, mais à une condition que vous devinez de reste. Elle a six enfants,
pas de fortune, *un amant*, un mari ; on ne lui demande
qu'une nuit. Refusera-t-elle un quart d'heure de
plaisir à celui qui lui offre en échange l'aisance
pour son mari, l'éducation pour ses enfants, un état
convenable pour elle? Qu'est-ce que le motif qui l'a
fait manquer à son mari en comparaison de ceux
qui la sollicitent de manquer à son amant? » Après
avoir accompagné de quelques lourdes gravelures
l'exposé de ce cas de conscience, on devine sans
peine quel sera le conseil de Diderot. Mais quoi!
si le conflit s'élargit, s'il s'agit de choisir entre
l'utile et telle autre mauvaise action, trahison, mensonge ou lâcheté, de quel côté penchera la balance
du philosophe? « C'est à la volonté générale, répond-
il, que l'individu doit s'adresser pour savoir jusqu'où il doit être homme, citoyen, sujet, père,

enfant; c'est à elle à fixer les limites de tous les devoirs. » Il ne lui échappe pas cependant que cette volonté générale peut être contraire à toute justice; il est évident qu'elle peut créer la loi civile et la loi générale et, même, qu'elle seule le peut; mais l'homme de bien peut-il recevoir d'elle la loi morale, ne doit-il pas « créer lui-même le devoir »? Or Diderot ne se tire de cette impasse que par deux contes; dans l'*Entretien d'un père avec ses enfants*, il conclut à la fois qu'il n'y a point de lois pour le sage à qui il appartient de juger des cas où il faut s'y soumettre ou s'en affranchir, mais qu'une ville ne serait pas habitable où tous les citoyens penseraient ainsi; dans l'histoire du médecin Gardeil qui abandonne sa maîtresse pauvre et malade pour aller conquérir la fortune et la considération à Toulouse, il affirme, la main sur la conscience, que, malgré sa fortune et son crédit, il refuserait avec dégoût de prendre cet utilitaire pour ami. Mais ces deux admirables récits ne suffisent-ils pas de reste à rétablir la vérité?

Diderot, malgré quelques contradictions qui le relèvent par accident, est donc un moraliste d'un ordre très bas; il n'a le sentiment de l'esthétique morale que pendant la rapide durée d'un éclair; le reste du temps, il se débat dans les ténèbres ou s'agite dans la boue; ce n'est pas aux belles passions qu'il lâche la bride, c'est aux intérêts et aux appétits. Mais si l'absence d'idéal, sinon la négation de la Divinité, le conduit ainsi à la plus fâcheuse incertitude de la loi morale, il déduit, en revanche, de l'inutilité d'une cause première la plus magnifique interprétation de la nature qui ait été tentée depuis Lucrèce. Il va deviner, dans une vision de génie, après avoir esquissé la science expérimentale, tous les éléments essentiels du transformisme.

En adressant à Mlle Volland le *Rêve de d'Alembert*, dialogue dont les interlocuteurs sont le philosophe qui rêve, Mlle de Lespinasse et le docteur Bordeu : « Il n'est pas possible, écrivait Diderot, d'être plus profond et plus fou ». Et comme « son amoureuse, femme sensée et discrète », s'étonnait de quelques extravagances : « Il y a quelque adresse, ajoutait-il, à avoir mis mes idées dans la bouche d'un homme qui rêve; il faut souvent donner à la sagesse l'air de la folie, afin de lui procurer ses entrées. » Même avec cet air de folie, cette sagesse était trop révolutionnaire pour que Diderot, à la réflexion, pût risquer de publier son ouvrage favori, le seul de ses livres, avec les *Éléments de physiologie*, « où il se complaisait ». Il garda donc ces fragments dans son tiroir, les confiant parfois à de rares initiés, les reprenant plus souvent lui-même pour les corriger, et convaincu qu' « il restera peu de choses à savoir dans ce genre de métaphysique à celui qui aura la patience de les relire deux ou trois fois et de les entendre ».

Essayons d'entendre cette « statue brisée », avec ses compléments nécessaires, la *Réfutation de l'ou-*

vrage d'Helvétius intitulé l'Homme et les *Pensées sur
l'Interprétation de la nature.*

D'abord, la méthode ; c'est celle de l'invention
scientifique, celle des physiciens. Diderot se représente la vaste enceinte des sciences « comme un
grand terrain parsemé de places obscures et de
places éclairées ». Il s'agit pour la sagacité qui perfectionne « d'étendre les limites des places éclairées », pour le génie qui crée « de multiplier sur le
terrain les centres de lumière ». Mais bien que les
faits, quelle qu'en soit la nature, soient la véritable
richesse du philosophe, ce qu'on appelle la philosophie rationnelle s'est occupé beaucoup plus à
rapprocher et à lire les faits qu'elle possède qu'à
en recueillir de nouveaux. D'où cette conséquence
qu'il suffit « d'un manœuvre poudreux, qui apporte
tôt ou tard, des souterrains où il creuse en aveugle,
le morceau fatal à cette architecture élevée à force
de tête, pour que tout s'écroule et qu'il ne reste
de l'édifice que des matériaux confondus pêle-
mêle ». Il faut donc que la nouvelle science, la
philosophie expérimentale, « multiplie ses mouvements à l'infini, soit sans cesse en action et mette
à chercher des phénomènes tout le temps que la
raison emploie à chercher des analogies. Elle ne
sait ni ce qui lui viendra, ni ce qui ne lui viendra
pas de son travail ; mais elle travaille sans relâche. »
Pendant que la philosophie rationnelle, pesant les
possibilités, dit hardiment : *on ne peut décomposer
la lumière*, au contraire la philosophie expérimen-

tale se tait pendant des siècles entiers ; « puis tout à coup, (avec Newton), elle montre le prisme et dit : *La lumière se décompose.* »

Non point qu'il faille faire fi de « cet esprit de divination par lequel on « subodore », pour ainsi dire, des procédés inconnus, des expériences nouvelles et des résultats ignorés ». L'esprit de conjecture a d'autres droits et d'autres limites. La grande habitude de faire des expériences donne, en effet, même aux manœuvriers les plus grossiers, « un pressentiment qui a le caractère de l'inspiration » et qu'il ne tiendrait qu'à eux d'appeler, comme Socrate, le démon familier. Mais c'est cette divination précisément qu'il importe de contrôler selon des règles sévères.

Quand donc l'on a formé dans sa tête un de ces systèmes qui demandent à être vérifiés par l'expérience, il ne faut ni s'y attacher opiniâtrement ni l'abandonner avec légèreté. On pense quelquefois de ces conjectures qu'elles sont fausses, quand on n'a pas les mesures convenables pour les trouver vraies. L'opiniâtreté a même ici moins d'inconvénients que l'excès opposé. Jamais le temps qu'on emploie à interroger la nature n'est entièrement perdu. Les idées absolument bizarres ne méritent qu'un premier essai. Il faut accorder quelque chose de plus à celles qui ont de la vraisemblance, et ne renoncer que quand on est épuisé à celles qui promettent une découverte importante.

Dès lors, les expériences devront être répétées pendant longtemps, transportées à des objets différents, compliquées, combinées de toutes les manières possibles, contrôlées par l'épreuve de l'inversion. Évidemment il y a des phénomènes trompeurs qui

semblent, au premier abord, renverser un système, « qui deviennent ainsi le supplice du philosophe, surtout lorsqu'il a le pressentiment que la
nature lui en impose et qu'elle se dérobe à ses
conjectures par quelque mécanisme extraordinaire
ou secret ». Mais ces phénomènes, qui sont le plus
souvent le résultat de plusieurs causes conspirantes
ou opposées, achèvent, au contraire, quand ils seront
mieux connus, de confirmer le système. Gardons-
nous surtout de substituer à l'ouvrage de la nature
la conjecture de l'homme et de nous aventurer par
suite dans cette recherche des causes, dites générales, qui est partout contraire à la véritable science.
« Qui sommes-nous, en effet, pour expliquer les
fins de la nature? Ne nous apercevons-nous point
que c'est presque toujours aux dépens de sa puissance que nous préconisons sa sagesse? » Donc le
physicien, dont la profession est d'instruire et non
d'édifier, abandonnera le *pourquoi* et ne s'occupera
que du *comment*. « Le *comment* se tire des êtres, le
pourquoi de notre entendement. » Laissons les causes
pour ne parler que d'après les faits.

Suffit-il cependant de réunir et d'accumuler les
faits, de cueillir des milliers de plantes, de ramasser
des milliers de cailloux, de combiner sans nombre
des gaz ou des métaux en fusion? Après l'esprit de
divination qui « subodore » les résultats ignorés,
c'est ici qu'intervient dans toute sa force « le génie »,
l'idée qui donne la vie aux observations jusque-là
inanimées, le trait de lumière qui illumine les faits

assemblés, mais encore obscurs, l'éclair soudain
dont le passage dans le cerveau fait jaillir la vérité.
L'admirable et majestueuse théorie de Claude Bernard sur les phases de la découverte est ainsi en
germe, et plus qu'en germe, dans ces pages rapides
et si longtemps méconnues ou oubliées de Diderot.
Que l'art de l'investigation scientifique est la pierre
angulaire de toutes les sciences expérimentales; que
l'expérimentateur doit douter, fuir les idées fixes et
garder toujours sa liberté d'esprit; que son objet
est le même dans l'étude des phénomènes des corps
vivants et dans l'étude des phénomènes des corps
bruts; que les erreurs dans les théories scientifiques
ont pour origine le plus souvent des erreurs de fait;
que l'homme ne connaîtra jamais ni les causes premières ni l'essence des choses et que, dès lors, la
méthode ne se rapporte qu'à la recherche des vérités
objectives (le *comment*), non à celle des vérités
subjectives (le *pourquoi*); que l'expérience n'est au
fond qu'une observation provoquée dans le but de
faire naître une idée; que l'idée expérimentale est
ainsi une idée *a priori*; que c'est l'intuition ou le
sentiment qui engendre l'interprétation anticipée
des phénomènes de la nature; et que, par conséquent, la découverte est l'idée neuve qui surgit,
comme une révélation subite, à propos d'un fait;
cette différence profonde entre l'observateur et l'expérimentateur, c'est-à-dire le savant parfait; tous
ces sommets que Claude Bernard a mis en pleine
lumière dans son *Introduction*, Diderot les a entrevus

le premier dans son *Interprétation de la nature*, dans
la *Réfutation d'Helvétius* et dans le merveilleux fragment sur le génie :

L'esprit observateur, écrit-il, s'exerce sans effort, sans con-
tention; il ne regarde point, il voit; il n'a aucun phénomène
présent, mais ils l'ont tous affecté, et ce qui lui en reste c'est
une espèce de sens que les autres n'ont pas; c'est une machine
rare qui dit : cela réussira..... et cela réussit, il est vrai...
ou cela est faux... et cela se trouve comme il l'a dit. Cette
sorte d'esprit prophétique n'est pas le même dans toutes les
conditions de la vie; chaque état a le sien. L'homme de
génie sait ce qu'il met au hasard et il le sait sans avoir
calculé les chances pour ou contre; le calcul est tout fait
dans sa tête.

Et encore :

Un homme s'occupe de physique, d'anatomie, de mathématiques, d'histoire; la suite de quelques-unes de ses études
le conduit à une conjecture que l'expérience justifie; et l'auteur (Helvétius) appelle cela un hasard.... Mais fait-on des
expériences au hasard? L'expérience n'est-elle pas souvent
précédée d'une supposition, d'une idée que l'expérience con-
firmera ou détruira? C'est donc la nature, c'est l'organisation, ce sont des causes purement physiques qui préparent
l'homme de génie; ce sont des causes morales qui le font
éclore; c'est une étude assidue, ce sont des connaissances
acquises qui le conduisent à d'heureuses conjectures; ce sont
ces conjectures vérifiées par l'expérience qui l'immortalisent.
Rien ne se fait par saut dans la nature et l'éclair subit et
rapide qui passe dans l'esprit tient à un phénomène antérieur
avec lequel on en reconnaîtrait la liaison, si l'on n'était pas
infiniment plus pressé de jouir de sa lueur que d'en rechercher
la cause. L'idée féconde, quelque bizarre qu'elle soit, quelque
fortuite qu'elle paraisse, ne ressemble point du tout à la
pierre qui se détache du toit et qui tombe sur une tête. La
pierre frapperait indistinctement toute tête également exposée
à sa chute. Il n'en est pas ainsi de l'idée. Un passant ne dit
point à un autre passant : Vous m'avez volé ma pierre,... et

tous les jours j'entends un savant dire à un autre : Vous
m'avez volé mon idée. Combien il en tombe qui ne rencon-
trent point de tête !

Les armes de la science ainsi forgées, la métaphysique et la cosmogonie orthodoxes vont subir
le plus redoutable assaut qu'elles aient encore
essuyé. Dieu a déjà été banni du ciel comme une
hypothèse encombrante et oiseuse ; au tour de l'âme
maintenant à être chassée de la nature, où la force
est identique à la matière et dont la matière est la
seule substance.

Diderot, avec sa combattivité ordinaire, quand
même ses notes ne doivent pas sortir de son tiroir,
démontre toujours en polémisant. Les philosophes
officiels écrivent que, pour se représenter le mouvement, il faut imaginer, outre la matière exis-
tante, une force qui agisse sur elle. « Ce n'est pas
cela, riposte Diderot, et la molécule, douée d'une
qualité propre à sa nature, est par elle-même une
force active ; elle s'exerce sur une autre molécule
qui s'exerce sur elle. Tous ces paralogismes-là
tiennent à la fausse supposition de la nature homogène. Vous qui imaginez si bien la matière en repos,
pouvez-vous imaginer le feu en repos ? Or, dans la
nature, tout a son action diverse comme cet amas de
molécules que vous appelez le *feu* ; dans cet amas
que vous appelez *feu*, chaque molécule a sa nature,
son action. » Voici donc la différence vraie du repos
et du mouvement ; c'est que le repos absolu est un
concept abstrait qui n'existe point en nature, que le

mouvement, au contraire, est une qualité aussi réelle que la longueur, la largeur et la profondeur.

Et que m'importe ce qui se passe dans votre tête? Que m'importe que vous considériez la matière comme homogène ou comme hétérogène? Vous ferez de la géométrie ou de la métaphysique tant qu'il vous plaira; mais moi qui suis physicien et chimiste, qui prends les corps dans la nature et non dans ma tête, je les vois existants, divers, revêtus de propriétés et d'actions, et s'agitant dans l'univers comme dans le laboratoire, où une étincelle ne se trouve pas à côté de trois molécules combinées de salpêtre, de charbon et de soufre, sans qu'il s'ensuive une explosion nécessaire.

Si la force n'est pas distincte de la matière, il n'y a au surplus qu' « une substance dans l'univers, dans l'homme, dans l'animal », substance, apparemment, qui est organisée de mille et mille façons diverses, mais dont l'origine, la formation et la fin, quelques aspects variés qu'elle revête, sont toujours les mêmes. « Je voudrais bien, interroge d'Alembert, que vous me disiez quelle différence vous mettrez entre l'homme et la statue, entre le marbre et la chair. — Assez peu, répond Diderot, car on fait du marbre avec de la chair et de la chair avec du marbre. » Et comme le mathématicien observe qu'il ne lui paraît pas facile de rendre le marbre comestible, le philosophe prend aussitôt la statue, la met dans un mortier, la pulvérise à grands coups de pilon. « Lorsque le bloc de marbre est réduit en poudre impalpable, je mêle cette poudre à l'humus ou terre végétale; je les pétris bien ensemble; j'arrose le mélange, je le laisse putréfier un an, deux

ans, un siècle, le temps ne me fait rien. Lorsque le
tout s'est transformé en une matière à peu près
homogène, en humus, savez-vous ce que je fais ? —
Je suis sûr que vous ne mangez pas de l'humus. —
Non, mais il y a un moyen d'union, d'appropriation,
entre l'humus et moi, un *latus*, comme dirait le chimiste. — Et le *latus*, c'est la plante. — Fort bien.
J'y sème des pois, des fèves, des choux, d'autres
plantes légumineuses. Les plantes se nourrissent de
la terre et je me nourris des plantes. » Peut-être
même y a-t-il plus encore que ce passage du
marbre à l'humus, de la plante à la chair ; il est
évident que la matière en général est divisée en
matières mortes et en matières vivantes. « Mais
comment se peut-il faire que la matière ne soit pas
une, ou toute vivante, ou toute morte ? La matière
vivante est-elle toujours vivante ? Et la matière morte
est-elle toujours et réellement morte ? La matière
vivante ne meurt-elle point ? La matière ne com-
mence-t-elle pas jamais à vivre ? »

Tout le problème, encore pendant de l'hétéro-
génie, de la génération spontanée, est dans ces
questions.

A ce Dieu qui vient d'être supprimé par un arrêt
trois fois motivé comme cause première superflue,
comme artisan inutile du monde, et comme force
motrice encore moins indispensable, Diderot va-t-il
chercher maintenant à substituer quelque autre prodige ou quelque autre force nouvelle ? Point du
tout. Il n'y a dans l'immensité des faits qu'un seul

fait, il n'y a qu'une forme ; « l'indépendance absolue
d'un seul fait est incompatible avec l'idée de tout ;
et, sans l'idée de tout, plus de philosophie ». Ce
qui domine le monde, c'est l'unité essentielle des
forces. « De même qu'en mathématiques, en exami-
nant toutes les propriétés d'un nombre, on trouve
que ce n'est que la même propriété représentée sous
toutes ses faces ; de même on reconnaîtra, dans la
nature, lorsque la physique expérimentale sera plus
avancée, que tous les phénomènes, ou de la pesanteur, ou de l'élasticité, ou de l'attraction, ou du
magnétisme, ou de l'électricité, ne sont que des
faces différentes de la même affection. »

Voilà, avec l'unité démontrée ou pressentie des
faits, une nouvelle étape, la plus considérable qui
ait été franchie depuis Leibniz, dans la voie de la
philosophie expérimentale et indépendante ; mais
celle qui va suivre est plus décisive encore. Et certainement Lamarck, Gœthe et Darwin apporteront
à l'idée de l'unité des formes, qui découle, comme
un corollaire, de l'idée de l'unité des forces, des
vues, des preuves et des arguments nouveaux ; mais
la théorie même du transformisme se dresse ici dans
toute sa magique séduction.

Mis en éveil par la thèse du docteur Baumann que
Maupertuis avait apportée d'Erlangen en France,
Diderot croit d'abord s'apercevoir que la nature
s'est plu à varier le même mécanisme d'une infinité
de manières différentes et qu'elle n'abandonne un
genre de production qu'après en avoir multiplié les

individus sous toutes les faces possibles. « Quand
on considère le règne animal et qu'on s'aperçoit
que, parmi les quadrupèdes, il n'y en a pas un qui
n'ait les fonctions et les parties, surtout inférieures,
entièrement semblables à un autre quadrupède ; ne
croirait-on pas volontiers qu'il n'y a jamais eu qu'un
seul animal, prototype de tous les animaux, dont la
nature n'a fait qu'allonger, raccourcir, transformer,
multiplier, oblitérer certains organes ? » Il imagine
ainsi les doigts de la main réunis et la matière des
ongles si abondante que, venant à s'étendre et à se
gonfler, elle enveloppe et couvre le tout : au lieu de
la main d'un homme, n'aurez-vous pas le pied d'un
cheval ? Dès lors, « quand on voit les métamorphoses successives de l'enveloppe du prototype,
quel qu'il ait été, approcher un règne d'un autre
règne par des degrés insensibles et peupler les confins des deux règnes (s'il est permis de se servir de
ce terme de *confin* où il n'y a aucune division réelle),
qui donc ne se sentirait porté à croire qu'il n'y a
jamais eu qu'un premier être prototype de tous les
êtres » ? Quant à l'agent qui a fait passer ce prototype d'une forme à l'autre, c'est le temps, le temps
qui ne s'arrête pas et qui a su différencier à la longue,
mais tout naturellement, les formes les plus anciennes, celles qui existent aujourd'hui et celles qui
existeront dans les siècles les plus reculés. « Le *nil
sub sole novum* n'est qu'un préjugé fondé sur la faiblesse de nos organes, l'imperfection de nos instruments et la brièveté de notre vie. » Mais la philo-

sophie qui examine sévèrement ces axiomes de la
sagesse populaire, ne s'arrête pas à ces apparences
grossières; elle restitue au temps la souveraineté
éternelle dont les religions révélées l'avaient dépouillée et elle fait plus encore : elle supprime la
mort et, si je puis dire, elle la tue.

Qu'est-ce donc que la vie? « Elle n'est qu'une
suite d'actions et de réactions. Le sentiment et la
vie sont éternels. Ce qui vit a toujours vécu et vivra
sans fin. La seule différence que je conçoive entre
la mort et la vie, c'est qu'à présent vous vivez en
masse et que, dissous, épars en molécules, dans
vingt ans, vous vivrez en détail. » Et Diderot
éclate enfin dans une dernière hypothèse qu'il proclame « essentielle à la fois au progrès de la physique expérimentale, à celui de la philosophie
rationnelle, à la découverte et à l'explication des
phénomènes qui dépendent de l'imagination »;
hypothèse admirable et qui est, en effet, tout le
transformisme : « De même que, dans le règne
animal et végétal, un individu commence, pour
ainsi dire, s'accroît, dure, dépérit et passe, n'en
serait-il pas de même des espèces entières? » Il conclut dès lors, avec une restriction de pure forme,
« que l'animalité avait de toute éternité ses éléments
particuliers, épars et confondus dans la masse de la
matière; qu'il est arrivé à ces éléments de se réunir
parce qu'il était possible que cela se fît; que l'em-
bryon formé de ces éléments a passé par une infinité
d'organisations et de développements; qu'il a eu,

par successions, du mouvement, de la sensation, des idées, de la pensée, de la réflexion, de la conscience, des sentiments, des passions, des signes, des gestes, des sens, des sons articulés, une langue, des lois, des sciences et des arts ; qu'il s'est écoulé des millions d'années entre chacun de ses développements ; qu'il a peut-être encore d'autres développements à subir et d'autres accroissements à prendre, qui nous sont inconnus ; qu'il a eu ou qu'il aura un état stationnaire ; qu'il s'éloigne ou qu'il s'éloignera de cet état par un dépérissement éternel, pendant lequel ses facultés sortiront de lui comme elles y étaient entrées ; et qu'il disparaîtra alors pour jamais de la nature, ou, plutôt, qu'il continuera d'y exister, mais sous une forme et avec des facultés tout autres que celles qu'on lui remarque dans cet instant de sa durée. »

En définitive, le temps n'est rien pour la nature ; « le philosophe doit se garantir du sophisme de l'éphémère, celui d'un être passager qui croit à l'immortalité des choses », — celui de la rose de Fontenelle qui disait que de mémoire de rose on n'avait vu mourir un jardinier, — et alors tout s'éclaire. « La génération première des animaux, objecte d'Alembert, ne se conçoit pas sans germes préexistants. — Si c'est, répond Diderot, la question de la priorité de l'œuf sur la poule ou de la poule sur l'œuf qui vous embarrasse, c'est que vous supposez que les animaux ont été originairement ce qu'ils sont à présent. Quelle folie ! On ne sait non plus ce qu'ils ont été qu'on ne sait ce qu'ils deviendront. Le vermisseau imperceptible qui s'agite dans la fange, s'achemine peut-être à l'état de grand animal; l'animal énorme, qui nous épouvante par sa grandeur, s'achemine peut-être à l'état de vermisseau : il est peut-être une production particulière momentanée de la planète. » Sur quoi, ébranlé, sinon convaincu, d'Alembert s'endort; la pensée profonde de son ami mûrit et se précise dans son sommeil, et Mlle de Lespinasse raconte ainsi son rêve au docteur Bordeu :

Il s'est mis à marmotter je ne sais quoi de graines, de lambeaux de chair mis en macération dans de l'eau, de différentes races d'animaux successifs qu'il voyait naître et passer. Il avait imité avec sa main droite le tube d'un microscope, et avec sa gauche, je crois, l'orifice d'un vase. Il regardait dans le vase par ce tube et il disait : « Voltaire me plaisantera tant qu'il voudra, mais l'Anguillard [1] a raison ; j'en crois mes yeux, je les vois : combien il y en a! comme ils vont! comme ils viennent! comme ils frétillent!... » Le vase où il apercevait tant de générations momentanées, il le comparait à l'univers ; il voyait dans une goutte d'eau l'histoire du monde. Cette idée lui paraissait grande; il la trouvait tout à fait conforme à la bonne philosophie qui étudie les grands corps dans les petits. Il disait : « Dans la goutte d'eau de Needham, tout s'exécute et se passe en un clin d'œil. Dans le monde, le même phénomène dure un peu davantage; mais qu'est-ce que notre durée en comparaison de l'éternité des temps? Moins que la goutte que j'ai prise avec la pointe d'une aiguille, en comparaison de l'espace illimité qui m'environne. Suite indéfinie d'animalcules dans l'atome qui fermente, même suite indéfinie d'animalcules dans l'autre atome qu'on appelle la Terre. Qui sait les races d'animaux qui nous ont précédés? Qui sait les races d'ani-

1. Needham.

maux qui succéderont aux nôtres ? Tout change, tout passe, il n'y a que le tout qui reste. Le monde commence et finit sans cesse ; il est à chaque instant à son commencement et à sa fin ; il n'en a jamais eu d'autre, et il n'en aura jamais d'autre. Dans cet immense océan de matière, pas une molécule qui ne ressemble à une molécule, pas une molécule qui ne ressemble à elle-même un instant : *Rerum novus nascitur ordo*, voilà son inscription éternelle. »

Et n'allez pas croire qu'il n'y a là que le rêve fugitif d'un poète ivre du vin nouveau des jeunes sciences ; toutes ces prévisions fantastiques et prodigieuses des découvertes futures qui voltigent sur les lèvres du philosophe endormi, Diderot les a appuyées, sinon d'expériences personnelles, du moins de méditations, souvent désordonnées, mais presque toujours profondes, que provoquait incessamment chez lui une abondante lecture. Non seulement la gloire lui revient tout entière d'avoir posé le premier tous les principes essentiels du transformisme, cette gloire dont on a pendant si longtemps paré Lamarck parce qu'il a su codifier, dans un ordre d'ailleurs magnifique, les conceptions ébauchées avant lui. Mais il avait réuni encore pour justifier et démontrer ses conclusions une masse énorme de faits, de preuves, d'arguments et de notes, si bien que les assises du monument ne sont pas moins belles que l'édifice lui-même. Le rêve, s'il n'y avait qu'un rêve, serait l'un des plus extraordinaires qui aient jamais hanté un cerveau humain. Mais Diderot n'était pas qu'un voyant ; quelque puissante que soit chez lui l'inspiration prophétique qui lui fait entre-

voir le changement indéfini comme la loi même de
la nature à travers le temps et l'espace, l'ensemble
des considérations et des observations d'où découle
cette grande vue n'est pas moins digne d'être admiré,
le savant est à la hauteur du poète. S'il a brûlé dans
une heure de lassitude et d'ennui quelques-uns des
cahiers où il consignait ses « réclames », il nous reste
les *Éléments de physiologie* où il a accumulé, pendant
près de trente années, ses réflexions et ses hypothèses,
ramassant les idées qui flottaient dans l'air, vivifiant
ces fantômes et ces embryons du sang si riche qui
coulait dans ses veines, opposant sans broncher aux
railleries des ignorants et à l'ironie de Voltaire lui-
même sa foi inébranlable dans la grande loi de continuité de Leibniz, marchant d'un pas toujours plus
assuré vers la découverte triomphale de la vérité.

L'image fameuse de la *grappe d'abeilles* symbolise,
dans le *Rêve de d'Alembert,* la théorie qui résout
chaque organisme en une multitude d'organismes
élémentaires, contigus et sensibles, tous également
vivants, l'animal n'étant ainsi qu'une réunion d'animaux :

Avez-vous vu quelquefois un essaim d'abeilles s'échapper
de leur ruche? Le monde ou la masse générale de la matière
est la ruche. Les avez-vous vues s'en aller former à l'extrémité de la branche d'un arbre une longue grappe de petits
animaux ailés, tous accrochés les uns aux autres par les
pattes?... Cette grappe est un être, un individu, un animal
quelconque.... Si l'une de ces abeilles s'avise de pincer
d'une façon quelconque l'abeille à laquelle elle s'est accro-
chée, celle-ci pincera la suivante; il s'excitera dans toute la
grappe autant de sensations qu'il y a de petits animaux; le

tout s'agitera, se remuera, changera de situation et de
forme; il s'élèvera du bruit, de petits cris, et celui qui n'aurait jamais vu une pareille grappe s'arranger, serait tenté
de la prendre pour un animal à cinq ou six cents têtes et à
mille ou douze cents ailes.... L'homme qui prendrait cette
grappe pour un animal se tromperait; mais voulez-vous
qu'il juge plus sainement? Voulez-vous transformer la
grappe d'abeilles en un seul et unique animal? Eh bien,
amollissez les pattes par lesquelles elles se tiennent; de
contiguës qu'elles étaient, rendez-les continues. Entre ce
nouvel état de grappe et le précédent, il y a certainement
une différence marquée; et quelle peut être cette différence,
sinon qu'à présent c'est un tout, un animal un, et qu'aupa-
ravant ce n'était qu'un assemblage d'animaux.... Tous nos
organes ne sont de même que des animaux distincts que la
loi de continuité tient dans une sympathie, une unité, une
identité générale.

Maintenant, ouvrez les *Éléments de physiologie* et
suivez, page par page la série d'expériences, de
faits et de détails, patiemment recueillis et lumineu-
sement interprétés, qui ont conduit Diderot à la
théorie, partant au symbole, des organes considérés
comme animaux. Il établit d'abord que la sensibilité
de la matière est la vie propre aux organes. (La
preuve en est évidente dans la vipère écorchée et
sans tête, dans les tronçons de l'anguille, dans la
couleuvre morcelée, dans la contraction du cœur
piqué.) Il en conclut, contre son maître Haller,
qu'aucune partie animale quelconque n'est dépourvue
absolument de sensibilité. (Un organe intermédiaire
non sensible entre deux organes sensible, et vivants,
arrêterait la sensation et deviendrait, dans le système, corps étranger; ce serait comme deux animaux
coupés par une corde.) Mais la sensibilité ne suffit

pas; il faut encore la continuité : sans ces deux qualités, l'animal ne peut être un. (Prenez l'animal, ana-
lysez-le, ôtez-lui toutes ses modifications l'une après
l'autre, et vous le réduirez à une molécule qui aura
longueur, largeur, profondeur et sensibilité. Suppri-
mez la sensibilité, il ne vous restera que la molécule
inerte; mais si vous commencez par soustraire les
trois dimensions, la sensibilité disparaît.) Donc
chaque organe peut être considéré comme un animal
particulier, chaque organe est un animal. Et il ajoute :
« L'organisation détermine les fonctions et les
besoins; quelquefois les besoins refluent sur l'organisation et cette influence peut aller quelquefois
jusqu'à produire des organes, toujours jusqu'à les
transformer. »

Ailleurs la contiguïté entre les règnes de la nature
que rien ne sépare n'est pas moins abondamment
démontrée. Où commence l'animal? Où finit la
plante? Le *gluten*, résidu de la farine dépouillée
de l'amidon, est un *végéto-animal* — expériences
de Beccari et de Rouelle; — la *tremella* s'agite tant
qu'elle est dans l'eau, perd ses mouvements dès
qu'elle en est tirée, les reprend dès qu'elle y est
replongée, naît et meurt ainsi à discrétion; Adanson
en fait une plante et Fontana un animal; — « la
dionée de Caroline a ses feuilles étendues à terre,
par paires et à charnières; ces feuilles sont cou-
vertes de papilles; si une mouche se pose sur la
feuille, cette feuille, et sa compagne, se ferme comme
l'huître, sent et garde sa proie, la suce et ne la

rejette que quand elle est épuisée de sucs; voilà
une plante presque carnivore » — expérience con-
firmée par Darwin. — Donc, point de frontière
entre le règne animal et le règne végétal; ils se con-
fondent; la diversité des formes n'interrompt pas la
chaîne des êtres, mais la nature ne laisse subsister
que ceux qui peuvent « coexister avec l'ordre général » — c'est la loi de la sélection et de la concur-
rence vitale; — « le monde est la maison du fort ».

Il eût été curieux de voir Diderot pousser
vers la zoologie politique et sociale la hardiesse
novatrice de ses investigations; il eût porté certainement à l'étude de la monarchie la même puissance et la même originalité de critique; là
aussi, il eût été révolutionnaire. C'est peut-être
même parce qu'il l'eût été avec une audace intolé-
rable qu'il s'est contenté d'une attaque indirecte,
au théâtre en réhabilitant les douleurs bourgeoises,
dans l'Encyclopédie par ses monographies profes-
sionnelles, un peu partout par des déclamations
vagues contre les tyrans. De l'homme qui à cette
question : « Comment rend-on les mœurs à un peuple corrompu? » répondait : « Comme Médée rendit
la jeunesse à son père, en le dépeçant et le faisant
bouillir... », on peut dire que son esprit avait passé
dans Danton; et le duel de Danton contre Robes-
pierre n'est-il pas, sur le terrain des faits, la suite
même de la lutte de Diderot contre Rousseau?

Il est cependant une question à la fois politique et
sociale au premier chef, qui a fixé longuement ses

méditations, celle de l'instruction publique, et lui a inspiré l'un de ses plus étonnants morceaux. C'est le *Plan d'une université pour le gouvernement de Russie*, qui lui avait été demandé par l'Impératrice Catherine et dont les vues profondes, qui émerveillaient Guizot, sont restées audacieuses pendant plus d'un siècle. A la première page, une violente diatribe contre l'esprit du clergé catholique qui, « s'étant emparé de tous temps de l'instruction publique, est entièrement opposé aux progrès des lumières et de la raison que tout favorise dans les pays protestants ». C'est donc en Angleterre et en Allemagne qu'il faut chercher les modèles, les plus sages institutions pour l'instruction de la jeunesse. D'abord, les petites écoles, les écoles à lire, à écrire et à compter :

Dans les pays protestants, il n'y a point de village, quelque chétif qu'il soit, qui n'ait son maître d'école, et point de villageois, de quelque classe qu'il soit, qui ne fréquente l'école. La noblesse allemande dit que cela rend le paysan chicaneur et processif; les lettrés disent que cela est cause que tout cultivateur un peu à son aise, au lieu de laisser son fils à sa charrue, veut en faire un savant. Peut-être le grief de la noblesse se réduit-il à dire qu'un paysan qui sait lire et écrire est plus malaisé à opprimer qu'un autre; quant au second grief, c'est au législateur à faire en sorte que la profession de cultivateur soit assez tranquille et estimée pour n'être pas abandonnée.

On apprend dans les écoles le catéchisme, c'est-à-dire les premiers principes de la religion; il serait à désirer « qu'on eût aussi des catéchismes de morale et de politique, c'est-à-dire des livrets où les premières notions des lois du pays, des devoirs des citoyens, fussent consignées pour l'instruction à l'usage du peuple », — ce sont nos *manuels* d'enseignement civique ; — « et aussi une espèce de catéchisme usuel qui donnât une idée courte et claire des choses les plus communes de la vie civile ». Cette instruction primaire sera obligatoire, gratuite — il faut donner aux enfants pauvres non seulement les livres nécessaires, mais du pain — et laïque : « Point de prêtre entre les maîtres; ils sont rivaux par état de la puissance séculière, et la morale de ces rigoristes est étroite et triste. » — En second lieu, les écoles qu'on appelle en Allemagne *Gymnasia* et qui correspondent à nos collèges. Diderot commence l'enseignement par le calcul, l'algèbre et la géométrie, « qui est la meilleure et la plus simple de toutes les logiques, la plus propre à donner de l'inflexibilité au jugement et à la raison. Un peuple est-il ignorant ou superstitieux? Apprenez aux enfants la géométrie et vous verrez avec le temps l'effet de cette science. » La physique et la chimie viendront ensuite, avec la géographie et l'astronomie, qui ont été trop longtemps négligées : « Il serait honteux pour un homme élevé de ne rien savoir ni du globe sur lequel il marche, ni de la voûte sous laquelle il se promène »; « point de science plus faite pour les enfants que l'histoire naturelle; c'est un exercice continu des yeux, de l'odorat, du goût et de la mémoire »; enfin, « il faudra commencer l'étude de l'histoire par celle de sa nation ». Quant à l'étude des langues anciennes, c'est une grande question de savoir si elle vaut le temps qu'on lui consacre; cette époque précieuse de la jeunesse ne pourrait-elle être employée à des occupations plus importantes? « Soit raison, soit préjugé », il recule devant la solution radicale : « Peut-on devenir homme de grand goût sans avoir fait connaissance étroite avec les anciens? Leur littérature n'a-t-elle pas une consistance, un attrait, une énergie qui feront toujours le charme des grandes têtes? » Mais il tient que l'enseignement classique pourrait être abrégé considérablement et mêlé de beaucoup de connaissances utiles. Il ne supprime donc pas ces études, bien qu'elles ne soient d'une utilité absolue qu'aux poëtes et qu'aux auteurs, « c'est-à-dire aux états de la société les moins nécessaires »; mais il réduit le temps qui leur était consacré et il remplace les vieux exercices de composition, vers latins et narration, « qui gâtent le goût en accoutumant à des tours vicieux et barbares », par la traduction méthodique des bons auteurs ; — « traduire, toujours traduire », voilà la formule ; — cette étude, qui servait naguère de base aux autres, en deviendra désormais le couronnement. « En général, on a donné trop d'importance à l'étude des mots; il faut lui substituer l'étude des choses. » — C'est, en germe, toute la théorie de l'enseignement professionnel; Diderot en est ainsi le véritable père. — Il apporte enfin, dans la constitution de l'enseignement supérieur, les mêmes considérations utilitaires. S'il suffit de remporter des écoles publiques de bons éléments, il faut que les grandes écoles élèvent et généralisent l'enseignement; mais cet enseignement même doit, lui aussi, de dogmatique qu'il était, devenir pratique. Ainsi, notre Faculté de droit est misérable parce qu'on s'y occupe presque exclusivement du droit romain, belles connaissances qui seraient infiniment utiles si nous rétrogradions aux temps d'Honorius et d'Arcadius, « mais qui, sous Louis XVI, laissent un docteur aussi sot que l'habitant de Chaillot et bien plus sot que le paysan de Basse-Normandie ». « On ne lit pas dans notre Faculté un mot du droit français; pas plus de droit des gens que s'il n'y en avait point; rien de notre code ni civil ni criminel; rien de notre procédure, rien de nos lois, rien de nos coutumes, rien des constitutions de l'État; rien du droit du souverain, rien de celui des sujets; rien de la liberté, rien de la propriété. » C'est le contrepied de cette coutume que la Tsarine devra prendre dans ses réformes. Quant à la théologie, « puisque Sa Majesté Impériale n'est pas de l'avis de Bayle qui prétend qu'une société d'athées peut être aussi bien ordonnée qu'une société de superstitieux », il se résigne à conserver des prêtres et, par conséquent, les écoles où on les préparera à leur métier. Mais il croit devoir aviser l'Impératrice qu'aucun péril plus grand ne la menace que celui qui vient du clergé :

Le prêtre, lui dit-il, bon ou mauvais, est toujours un sujet équivoque, un être suspendu entre le ciel et la terre, semblable à cette figure (le *ludion*) que le physicien fait monter ou descendre à discrétion, suivant que la bulle d'air qu'elle contient est plus ou moins dilatée. Ligué tantôt avec le peuple contre le souverain, tantôt avec le souverain contre le peuple, il ne s'en tient guère à prier les dieux que quand il se soucie peu de la chose.

Pour que ces gens-là ne troublent point l'ordre public, il est indispensable « qu'ils soient stipendiés par l'État et menacés, à la moindre faute, d'être chassés de leurs postes, privés de leurs fonctions et leurs honoraires, et jetés dans l'indigence ». — Le général Bonaparte eût pu confier à Diderot la rédaction des articles organiques du Concordat. — Il recommande en outre à l'Impératrice « de ne rien souffrir qui tende à rapprocher l'Église grecque de la communion romaine ; la science y gagnerait peut-être, mais il y aurait du danger pour la paix de l'État ; il serait imprudent de permettre que le clergé reconnût, de quelque façon que ce fût, un chef étranger ».

Diderot avait soixante-six ans quand il écrivit les dernières notes des *Éléments de physiologie* et revisa définitivement le *Rêve* (1779) ; la lettre d'envoi qui les accompagne, et dont la suscription est restée inconnue, traduit à la fois la fierté de l'artiste qui sait la valeur de son œuvre et la tristesse désabusée des soirs de la vie. L'ombre avait commencé à descendre sur lui au lendemain de ce voyage en Russie qu'il avait projeté pendant longtemps et où il goûta vraiment la gloire. Sa vie, jusqu'en 1773, avait été une guerre d'une ardeur toujours croissante : d'abord, les années fécondes de bohème où, luttant

contre la misère, il avait commencé à emmagasiner
dans son cerveau d'innombrables connaissances de
toutes sortes; puis, les années fiévreuses de l'Encyclopédie où il avait combattu à la tête de l'armée la
plus ardente qu'ait connue le monde, pour la cause
sacrée de la science; ensuite, pendant six ans,
maître du champ d'où il avait chassé ses ennemis et
où il avait planté son drapeau, les excursions impé-
tueuses en tous sens, dans tous les domaines de
l'esprit humain, les explosions répétées des mines
qu'il avait lentement chargées de poudre et qui écla-
taient en gerbes étincelantes. Maintenant, dans la
guerre qu'il a été des premiers à déchaîner et qui
se continue dans une offensive de plus en plus sûre
de la victoire, sa part personnelle de bataille semble
finie. Les troupes qu'il a recrutées, formées, dres-
sées, habituées à vaincre, lancées à l'assaut du vieux
monde, poursuivent avec méthode leur marche en
avant. Mais il ne se sent plus de force à les conduire,
ni même à les suivre; bientôt son regard seul les
accompagne, s'illuminant parfois d'un éclair, mais
le plus souvent voilé et las. Avec le frisson des
neiges qui a ébranlé sa santé, il a ressenti en Russie
le premier froid de la nuit. Sevré en son pays de
toutes récompenses officielles, arrêté par le roi sur
le seuil de l'Académie, il avait bu avec avidité à la
coupe dorée que lui tendait la Sémiramis du Nord,
mais, l'ayant vidée, il avait connu le fond des vanités
humaines. Même sa foi dans la postérité est ébranlée;
il ne récrirait plus les belles lettres qu'il adressait à

Falconet, l'année où il avait achevé l'Encyclopédie,
si chaudes et si vibrantes, variations intarissables
sur le *Non omnis moriar* du poëte. Il avait cru que
« le sort de l'homme est d'être plus heureux en
embrassant la nuée qu'entre les bras de Junon » ;
mais d'avoir joui passionnément de la nuée et d'avoir
même recueilli les sourires de Junon, il n'avait gardé
qu'une courbature dans tous ses membres. Au
moment de rentrer en France, il prévoit exactement
qu'« il a encore une dizaine d'années au fond de son
sac [1] » ; se raidissant contre le mal qui s'est abattu
soudainement sur lui, il se promet encore de les
employer, certain qu'il est que « les fibres du cœur
ne se sont pas racornies avec l'âge » ; et, en effet, il
se remettra au travail. Son séjour en Hollande et
les premiers temps de son retour à Paris seront
pour lui l'été de la Saint-Martin ; à la Haye, en
moins de trois mois, il réfute l'essai d'Helvétius sur
l'Homme ; rentré dans son grenier, il achève ses
notes sur la physiologie et rédige le *Plan d'une
Université* dont les meilleures pages appartiennent
toutefois à une époque antérieure. Quelque chose
pourtant est comme brisé en lui. Une déclamation
outrée compense mal l'accent pénétrant de sincérité
qu'il ne retrouve plus ; la pensée ne jaillit plus de son
cerveau. Décidément ce grand ouvrier aura trop pré-
sumé de sa machine. Pendant quarante ans de suite,
sa fournaise toujours rouge des charbons sans cesse

---

1. La Haye, 3 septembre 1774, à Mlle Volland.

renouvelés qu'elle dévore, la machine a couru sans
accident ; maintenant elle ne se met plus en marche
qu'avec peine, et s'essouffle, sitôt en mouvement.
« Mon père, écrit Mme de Vandeul, trouvait sa tête
usée ; il disait qu'il n'avait plus d'idées ; il était toujours las. » Il lutte, se plonge dans le bain de Jou-
vence de nouvelles lectures, fouette son cerveau ;
mais le résultat ne répond plus à l'effort. L'intermi-
nable *Essai sur les règnes de Claude et de Néron*
mêle et brouille, dans un désordre irritant, Paris
et Rome, les Césars et Louis XV, Jean-Jacques et
Suilius, l'histoire et le pamphlet, l'apologie de Diderot
et le panégyrique de Sénèque. Le génie créateur
s'endort lentement dans la pénombre grandissante
du crépuscule, et la flamme intérieure s'éteint avec
le soleil qui descend à l'horizon.

Une grande douleur lui avait été infligée : la compagne intellectuelle de sa vie, Sophie Volland, était
morte.

Quelle était cette femme? de quelle famille? où
l'avait-il rencontrée? On ignore la date de sa naissance et jusqu'à celle de sa mort. Il a existé d'elle
deux portraits que Diderot ne quittait jamais ; tous
deux sont perdus. Mais ce que l'on sait, c'est que
du jour où Diderot l'avait connue, « elle fut la seule
femme qu'il y eût au monde pour lui ». Ce violent,
qui avait pris pendant vingt ans le plaisir pour
l'amour, dès qu'il se trouva en présence de la
nerveuse créature « qui joignait à l'âme la plus sensible la santé la plus frêle et la plus délicate »,

s'était donné pour la vie et il l'avait aimée de la
même tendresse passionnée jusqu'à la fin. « Il y a
quatre ans que vous me parûtes belle (11 septembre 1759) ; aujourd'hui, je vous trouve plus belle
encore ; c'est la magie de la constance, la plus difficile et la plus rare des vertus. Avec vous, je sens,
j'aime, j'écoute, je regarde, je caresse, j'ai une
sorte d'existence que je préfère à toute autre. » Six
ans après, toujours la même lettre, éternellement la
même et toujours nouvelle : « J'aurai le plaisir de
passer toute la journée avec celle que j'aime, ce qui
n'est pas surprenant, car qui ne l'aimerait pas?
mais que j'aime, après huit ou neuf ans, avec la
même passion qu'elle m'inspira le premier jour que
je la vis. Nous étions seuls, ce jour-là, tous deux
appuyés sur la petite table verte. Je me souviens de
ce que je vous disais, de ce que vous me répondites.
Oh! l'heureux temps que celui de la table verte! »
(20 mai 1765.) Et deux ans après : « Je vous
embrasse de toute mon âme, comme il y a douze
ans. Toujours mon amie, toujours. » (24 août 1768.)
Et encore de la Haye, le 3 septembre 1774 : « Je
reparaîtrai bientôt sur votre horizon, et pour ne
plus le quitter. » Pendant quinze ans, dès qu'elle
s'absente de Paris ou qu'il s'éloigne, il lui écrit
deux ou trois fois par semaine de longues lettres
où il raconte les moindres incidents de sa vie,
polémiques littéraires et disputes philosophiques,
lui soumet ses projets, la consulte sur ses travaux,
la proclame sa conscience et s'enivre des souve-

nirs d'hier dans l'attente des caresses de demain.
Pour peu qu'une lettre d'elle fût en retard, une
fièvre le prenait. Il avait été « fou à lier de sa
fille », il « périrait de douleur s'il la perdait »; mais
si, revenant de la Chevrette, il apprend qu'elle est
malade, il jette en passant son sac à sa porte, et,
sans embrasser l'enfant, vole d'abord au quai des
Miramiones chercher la lettre de Sophie. Elle s'était
donnée à lui, librement, sans phrases, sans grande
passion peut-être, simplement parce qu'elle ne se
reconnaissait pas le droit de faire souffrir qui ne
vivait que pour elle, et il avait trouvé l'infini du
bonheur en elle, parce qu'il l'aimait, lui, absolument, en homme qui avait connu les épreuves et
pourtant, à quarante ans passés, était resté jeune
de corps comme d'esprit. Mais le sentiment qui
avait dominé en lui, ç'avait été l'amour de son
estime, et ce respect avait été la force de sa vie.
« J'ai élevé dans mon cœur une statue que je ne
voudrais jamais briser; quelle douleur pour elle si
je me rendais coupable d'une action qui m'avilît à
ses yeux! » Il l'entretenait dans ses lettres de toutes
choses et parfois même avec quelque crudité qui
nous choque, mais qui n'étonnait aucune femme
du xviii° siècle. Mais c'était pour elle aussi que
sa phrase était devenue la plus caressante et la
plus douce; les paysages, par exemple, qu'il lui
avait décrits de Langres ou du Grandval ne le
cèdent en rien aux pages les plus délicieuses de
Rousseau : « Je les ai revus ces coteaux où je suis

allé tant de fois promener votre image et ma rêverie,
et Chennevières qui couronne la côte, et Champigny qui la décore en amphithéâtre, et ma triste et
tortueuse compatriote la Marne » (septembre 1760).
Il lui avait fait hommage de son génie et ne s'était
pas lassé de lui dire que ce qu'il y avait de meilleur
en lui venait de son amour qui l'avait transfiguré.
« O vous, chère femme, savez-vous combien vous
faisiez mon bonheur! Savez-vous enfin par quels
liens je vous suis attaché? Doutez-vous que mes
sentiments ne durent aussi longtemps que ma vie?
J'étais plein de la tendresse que vous m'avez inspirée
quand j'ai paru au milieu de nos convives; elle brillait dans mes yeux; elle échauffait mes discours;
elle disposait de mes mouvements; elle se montrait
en tout. Je leur semblais extraordinaire, inspiré....
Moi-même, j'éprouvais une satisfaction intérieure
que je ne saurais vous rendre. » (9 octobre 1759.) Il
voudrait l'aimer davantage, « mais il ne saurait ».
Il avait livré, pour la plus noble des causes, la plus
belle des batailles; mais elle avait été la pensée
dominante de tous ses jours, de tous ses instants.
« J'ai vu toute la sagesse des nations et j'ai pensé
qu'elle ne valait pas la douce folie que m'inspirait
mon amie. J'ai entendu leurs discours sublimes, et
j'ai pensé qu'une parole de la bouche de mon amie
porterait dans mon âme une émotion qu'ils ne me
donneraient pas. Ils me peignaient la vertu, et leurs
images m'échauffaient; mais j'aurais encore mieux
aimé voir mon amie, la regarder en silence et verser

une larme que sa main aurait essuyée ou que ses
lèvres auraient recueillie. » (1er novembre 1759.)
Il aurait voulu passer sa vie entière auprès d'elle, et
son rêve était devenu une réalité sous sa plume :
« Nous nous séparerons pour brûler de nous
rejoindre ; nous nous promènerons au loin, jusqu'à
ce que nous ayons trouvé un endroit dérobé où personne ne nous aperçoive. Là, nous nous dirons
que nous nous aimons, et nous nous aimerons....
Nous passerons un siècle entier sans que notre
attente en soit jamais trompée ! » (21 juillet 1765.) Et
comme ses amis s'étaient étonnés de cet amour, aussi
jeune après dix ans qu'au premier jour : « Tenez,
Falconet, je pourrais voir ma maison tomber sans en
être ému, ma liberté menacée, ma vie compromise,
toutes sortes de malheurs s'avancer sur moi, sans
me plaindre pourvu qu'elle me restât. Entre ses bras,
ce n'est pas mon bonheur, c'est le sien que j'ai
cherché. Je ne lui ai jamais causé la moindre peine
et j'aimerais mieux mourir, je crois, que de lui
faire verser une larme. J'en suis si chéri, et la
chaîne qui nous enlace est si étroitement commise
avec le fil délié de sa vie que je ne conçois pas
qu'on puisse secouer l'un sans risquer de rompre
l'autre.... »

Maintenant, le fil est rompu ; il ne lui reste plus
qu'à mourir. « Il ne se consola, écrit sa fille, que par
la pensée qu'il ne lui survivrait pas longtemps. »

Il mourut comme il avait vécu, en philosophe, et
sa fin ne fut ternie d'aucun sarcasme ni d'aucune

capitulation. Le curé de Saint-Sulpice vint le voir, et Diderot le reçut « à merveille »; il le loua de sa charité pour les indigents, mais il refusa de se confesser, disant simplement : « Convenez que je ferais un impudent mensonge ». Le prêtre n'insista pas. Sa femme aurait donné sa vie pour qu'il crût; mais sa fille affirme qu'elle eût mieux aimé mourir que de l'engager à faire une seule action qui pût être regardée comme un sacrilège.

Il se leva le samedi 30 juillet 1784, causa toute la matinée avec son gendre et son médecin, se mit à table pour déjeuner, mangea un fruit. Mme Diderot lui posa une question; comme il gardait le silence, elle leva la tête, le regarda : il n'était plus.

La science avait été la religion de sa vie; il avait voulu lui rendre un suprême hommage. « Mon père, écrit Mme de Vandeul, croyait qu'il était sage d'ouvrir ceux qui n'étaient plus; il croyait cette opération utile aux vivants, il me l'avait plus d'une fois demandé; ainsi fut fait.... La tête était parfaite, aussi bien conservée que celle d'un homme de vingt ans,... le cœur les deux tiers plus gros que ceux des autres personnes. »

FIN

TABLE DES MATIÈRES